현장 및 예비 영어교사의 교수기술 향상을 위한 안내서

영어 쓰기 지도법 연구

김성애 지음

신아사

서문

쓰기 기술은 언어의 네 가지 기술 중 습득하기 가장 어려운 기술이라는 것이 일반적인 견해일 것이다. 하지만 그 어려움 때문에 학교 영어교육에서 쓰기 지도를 외면하는 것도 이제는 더 이상 용납이 되지 않을 것 같다. 왜냐하면 최근 영어교육에서 학생들의 쓰기 능력 개발에 대한 관심이 고조되고, 이를 반영하듯 국가 차원에서 개발한 국가영어능력평가(NEAT) 시험에서도 쓰기에 대한 문항이 포함되었기 때문이다. 이런 상황에서 교실에서 쓰기 지도를 어떻게 할 것인가에 대한 영어교사들의 고민은 깊어질 수밖에 없게 되었다.

쓰기 능력은 하루아침에 개발되는 것이 아니다. 그런 점에서 학생들의 쓰기 능력에 대한 평가를 하겠다는 국가의 교육정책은 학교의 영어교사들에게는 큰 부담이 되고 있다. 교사들이 이렇게 쓰기 지도에 대해 부담을 느끼는 이유는 여러 가지가 있다. 이를 요약하자면 다음과 같이 기술할 수 있을 것이다. 첫째, 교사들 스스로 비원어민으로서 쓰기에 대한 자신이 없다는 점이다. 둘째, 교사 양성 과정에서 쓰기 지도에 대한 훈련을 제대로 받지 못하였기 때문에 쓰기 지도를 어떻게 해야 할 지에 대해 제대로 알 지 못한다는 점이다. 셋째, 설사 교사 스스로는 쓰기에 자신이 있고 필요한 훈련을 받았다고 하더라도 여러 가지 한계가 있는 현재의 여건으로는 쓰기 지도를 교실에서 실시하기가 쉽지 않다는 점이다.

교사들이 가지는 부담을 통해 추측할 수 있듯이 그동안 학교 영어교육에서 쓰기 지도가 거의 외면 당해왔던 게 사실이며, 또한 앞으로도 여건이 크게 개선되지 않는 한 쓰기 지도를 제대로 한다는 것이 쉽지는 않은 문제이다. 하지만 어렵다고 지도를 포기할 수는 없는 일이다. 쓰기 능력은 외국어를 성공적으로 배운 사람들이라면 반드시 갖추어야 할 능력이기도 할뿐더러, 특히 요즘같이 인터넷이 발달한 시대에는 목표언어의 원어민과 직접적인 접촉이 거의 없는 대부분의 외국어 학습자들에게는 듣고 말하는 음성언어 능력보다는 오히려 읽고 쓰는 문자언어 능력이 더 유용하다고 할 수 있기 때문이다. 실제로 많은 현대인들이 문자언어를 통해 자신에게 필요한 정보를 얻는다는 것은 부인할 수 없는 사실이다.

이 책의 목적은 영어 학습자들의 문자언어 능력 중에서도 특히 쓰기 능력을 기르기 위하여 그들을 지도하는 교사들에게 필요한 지식과 기술을 제공하는 데 있다. 비록 쓰기 지도에 필요한 모든 것을 제공하기에는 턱없이 부족하다고 할지도 이 책이 현장의 영어교사나 장차 영어교사가 되고자 하는 예비 교사들에게 쓰기 지도에 필요한 안내서가 될 수 있기를 바라는 마음이다.

목차

제1장 언어에 대한 이해

1. 음성언어와 문자언어의 차이
2. 의사소통 능력과 쓰기 능력
3. 모국어 쓰기와 외국어 쓰기

1
chapter
언어에 대한 이해

1. 음성언어와 문자언어의 차이

언어학적인 논의에 있어서는 음성언어(spoken language) 형태가 일반적으로 언어의 주된 형태로 간주되고 있지만, 문자언어(written language) 형태가 특정 개인의 언어 능력뿐만 아니라 언어 그 자체를 보다 잘 대변해 줄 수 있다는 증거도 적지 않다. Halliday(1985)에 의하면 문자언어의 역사는 텍스트로 완전하고 명백한 의미를 전달할 수 있는 도구를 점진적으로 창조하는 과정이라고 한다. 그는 문자언어를 가리켜 음성언어로는 할 수 없는 의사소통을 필요로 하는 문화적 변화의 결과로 생겨난 것이라고 설명하고 있다.

음성언어와 문자언어의 차이에 대해 언급하자면, 음성언어에서는 상황 속에서 명백하게 알 수 있는 부분은 생략하는 경우가 많다. 생략해야 할 부분을 생략하지 않는다면 오히려 어색한 언어 사용이 될 것이다. 예를 들어 상대방이 "When did you get up this morning?"이라고 물었을 때 "I got up at six this morning."이라고 대답하는 것보다 "At six."라고 답하는 것이 더 자연스럽다. 만약 생략해야 할 부분을 생략하지 않고 언어를 사용한다면 어색할 뿐만 아니라 시간도 훨씬 많이 걸리는 비효율적인 언어 사용이 될 것이다. 반면에 문자언어에 있어서는 음성언어에 비해 일반적으로 보다 완전한 문장을 사용하는 경향이 있는데, 그 이유는 청자와는 달리 독자는 메시지를 이해하기 위해 필요한 상황 속에서 어조라든가, 표정, 제스츄어 등을 알 수가 없는 관계로, 문자 텍스트 자체에서 언어를 통해 그러한 것들을 대신할 수 있어야 하기 때문이다(Davies & Pearse, 2000). 이를 위해서는 문법적으로 완전한 문장들이 사용되어야 하며, 또한 어휘 사용의 범위도 더 넓고, 음성언어에서는 잘 사용되지 않는 문법 구조들이 사용되기도 한다. 하지만 음성언어의 청자와 화자와는 달리, 문자언어의 독자와 필자에게는 충분한 시간이 보장된다는 점에서 문자언어의 이러한 복잡성은 한편 상쇄되는 측면도 있다.

음성언어와 문자언어는 서로 다른 기능을 가지고 있으며, 또한 서로 다른 특성을 지니고 있다. 하지만 이 둘은 서로 분리된 언어 표현이라기 보다는 그 두 형태의 특징을 어느 정도 지니느냐에 따라 하나의 연장선상에 존재한다고 보는 것이 옳다(Nunan, 1991). 사실 어떤 음성언어 텍스트는 다른 음성언어 텍스트보다 문자언어의 특성을 더 많이 지닌 것도 있고, 또한 그 반대인 경우도 많기 때문이다. 더구나 요즘같이 인터넷 상에서 문자로 의사소통을 많이 하는 환경 속에서는 음성언어와 문자언어의 구분이 예전만큼 뚜렷하지 않을 수 있다. 비록 문자로 표현하긴 했지만 말을 문자로 나타낸 것에 불과한 경우가 많아서 문자언어라고 해도 음성언어의 특징을 많이 포함하고 있기 때문이다. 그런 점에서 이 두 가지 언어 형태 사이의 구분은 예전처럼 명확하지 않다고 할 수 있다. 하지만 일반적으로 볼 때 음성언어와 문자언어가 여전히 서로 다른 특징들을 갖고 있는 것은 분명하다. 이런 다른 특징들 때문에 쓰기를 배우는 초보자의 경우 음성언어 형태를 문자언어 형태로 바꾸는 기술을 익힐 필요가 있다.

음성언어와 문자언어의 또 다른 차이에 대해서 사람들은 음성언어가 문자언어보다 간단하다거나 덜 구조화되어있다고 흔히들 말한다.

하지만 이점에 대해서는 꼭 그렇다고 할 수는 없다. 왜냐하면 음성언어는 교정이 되지 않은 상태이지만 문자언어는 여러 번의 교정을 거쳤기 때문이다. 만약 문자언어도 교정을 거치기 전 형태로 본다면 구조화되지 않은 것은 마찬가지일 수도 있다(Nunan, 1991).

앞에서 학자들 중에는 음성언어 산물과 문자언어 산물을 구분하여 전자를 담화(discourse), 그리고 후자를 텍스트(text)란 용어로 지칭하는 이들도 있지만, 그 둘을 구분하지 않고 모두 텍스트(text)란 용어로 지칭하는 이들도 있다는 사실을 언급하였다. 하지만 용어 사용에서의 이런 불일치에도 불구하고 음성언어와 문자언어의 특징에 대해 학자들이 동의하는 중요한 다른 점은 다음과 같이 요약할 수 있을 것이다. 첫째, 담화구조가 서로 다르다. 둘째, 개인의 내부에서 일어나는 지적 처리과정이 다르다. 셋째, 청자 또는 독자와의 거리가 다르다. 넷째, 편집의 역할이 다르다. 다섯째, 변화의 성격이 다르다. 이러한 특징들 하나하나를 좀 더 구체적으로 살펴보자.

1) 담화구조(Discourse structure)

쓰기의 담화구조는 단락(paragraph)이나, 장(chapter), 그리고 텍스트 전체(whole text) 등과 같이 잘 알려진 구분법을 사용하기 때문에 음성언어보다 더 명확한 구조를 지닌다. 그리고 쓰기의 이러한 구조적 특성은 필자로 하여금 보다 많은 언어적 또는 문법적 선택을 가능하게 함으로써 아이디어들을 구조화하고 통합하는 데 나름의 체계를 사용할 수 있게 해준다.

문자언어 텍스트에서 응집력(cohesion)을 표시해주는 요소들은 쓰기에만 한정된 또 다른 특징의 하나라고 할 수 있다. 응집력이란 문장들끼리 또는 텍스트의 각 부분들끼리의 관계를 나타내기 위하여 명백히 드러나는(explicit) 언어적 도구들을 사용하는 것을 의미한다. 이러한 도구들은 구나 단어들로서 독자로 하여금 텍스트 중 앞에 기술된 부분과 뒤에 기술된 부분들 간의 연관을 지을 수 있게 도와준다.

2) 지적 처리과정(Mental processes)

문자언어는 음성언어와 깊은 관계가 있지만 그와는 뚜렷이 구분되는 독특한 지적 체계라고 할 수 있다 (Brown, 2007; Nunan, 1991, 1999). 문자언어는 인지 체계의 한 부분으로서 표면적인 형태(surface form)와 내재하는 전략(underlying strategy)과 스타일(style)을 모두 포함한다(Nunan, 1991). 쓰기에 대한 그 동안의 연구 결과, 효과적인 쓰기 능력은 언어적 특성에 대한 지식뿐만 아니라 일련의 사고 과정들(thinking processes)의 활성화(activation)를 포함하며, 이러한 사고 과정의 통합이 쓰기 과정을 이룬다고 이해되어 왔다(Connor, 1984; Ruiz-Funes, 1999; Scott, 1996; Zamel, 1982). 이런 이해는 쓰기 전 과정, 쓰기 과정, 쓰기 후 과정으로 특징지을 수 있는 과정중심 쓰기 접근법을 디자인 하기에 이르렀다.

3) 청자 또는 독자와의 거리(The distance from the audience)

청자 또는 독자와의 거리 면에서 쓰기는 말하기와 구분된다. 대화에 있어서는 화자의 말을 듣는 청자는 화자 앞에 있으며, 질문을 하거나 이해가 잘 안 될 때에는 이를 나타낼 수 있는 다양한 비언어적 수단을 동원하여 반응을 할 수 있다. 반면에 글을 쓰는 작업은 지극히 개인적이며 외로운 작업이라 할 수 있다. 필자는 자신이 의도한 뜻이 제대로 독자에게 전달되었는지 알 길이 없다. 그래서 독자와의 거리가 글 쓰는 작업을 보다 어렵게 만든다고 할 수 있다. 이 어려움은 부분적으로는 받아들이는 쪽에서 감당할 수 있는 정보의 양에 달려 있다고 볼 수 있다. 다시 말하자면 독자가 글의 내용과 관련하여 얼마나 많은 사전 지식을 가지고 있느냐에 따라 글에 대한 이해도가 달라지는데, 이 부분에 대해 필자는 알 수가 없다.

4) 편집(Editing)의 역할

문자언어를 터득하기 시작하는 학생들의 경우 말하기와는 달리 쓰기는 완벽을 위한 편집을 요구하기 때문에 어려움을 느끼게 된다. 쓰기에 있어서 초보자들의 경우 정확도를 높여주기 위한 여러 가지 편집 기술에 익숙하지 않기 때문에 음성언어를 문자언어로 그대로 옮기게 되어 그들의 글은 여러 가지 문제로 얼룩지게 된다. 다시 말하자면 쓰기에 있어서 적어도 어떤 문제들은 말하기 습관에 영향을 받게 된다. 예를 들면, 말하기에서 어디에서 멈추느냐에 따라 쓰기에서 구두점이 달라진다든가, 말하기에서의 발음이 쓰기에서 철자에 영향을 준다든가, 등의 경우가 그런 경우이다.

5) 변화의 성격(The nature of change)

모든 살아있는 언어는 변화한다. 다시 말해서 변하지 않는 언어는 더 이상 사람들이 의사소통을 위해서 사용하지 않는다는 뜻이다. 하지만 문자언어와 음성언어는 변화에 있어서 그 성격이 사뭇 다르다. 문자언어는 시공을 초월하여 일관성이 있으며, 그 변화 또한 아주 느리다. 반면에 음성언어는 지역이나 계층에 따라 변화도 달라질 수 있으며, 또한 문자언어에 비해 그 변하는 속도가 빠르다고 할 수 있다.

6) 잉여성(Redundancy)

잉여성이란 같은 정보의 반복을 의미하는데, 이는 음성언어나 문자언어에서 모두 나타나는 특징이다. 하지만 독자와의 거리 때문에 잉여성은 문자언어에서 특히 중요하다. 문자언어를 터득하기 위해서는 초보자들은 이 잉여성을 사용하는 기술을 익혀야 한다. 이 기술은 언어를 이해하고 표현하는 데 필수적인데, 이 기술도 일반적인 언어습득과 마찬가지로 스스로 표현할 수 있기 전에 이해하는 것이 먼저 터득된다. 대부분의 사람들은 여기서 말하는 잉여성(redundancy)을 반복(repetition)과 동일 시 하는 경향이 있는데, 이런 의미로 쓰이는 잉여는 대개 부정적인 의미를 함축하고 있다. 하지만 심리언어학적인 견지에서 볼 때 잉여는 매우 다른 의미이다. 즉, 그것은 사람과 사람 사이의 정확한 정보 전달을 가능하게 하는 언어의 한 특징으로서 필요할 뿐만 아니라, 또한 자연적으로 발생하는 것이다. 다시 말하자면, 문자언어에서의 잉여성은 언어에 있어서 정보의 중복이라고 할 수 있다. 그러한 중복은 단순히 반복을 함으로써 발생할 수도 있지만, 미묘한 통사적, 의미론적 특징들로부터 발생하기도 한다. 예를 들면 다음 문장에서 복수(plurality)의 의미는 같은 단어를 여러 번 반복함으로써가 아니라, 다양한 형태로 나타나 있다.

예) Students were studying in the library for their mid-term exams.

음성언어이건 문자언어이건 간에 언어를 습득하는 데 있어서 학습자들은 이러한 언어의 잉여성에 대해 터득을 하여야 한다. 잉여성은 한 언어의 의사소통 능력을 기르는 데 있어서 긍정적이며 또한 필요한 특징이라고 할 수 있다.

이상에서 음성언어와 문자언어의 차이를 살펴보았다. 이러한 차이에도 불구하고 그 둘은 밀접한 관계가 있으며, 서로 다른 기능을 수행하기 위해 존재한다. 따라서 효과적인 언어 지도를 위해서 교사는 이 두 언어 형태의 관계에 대한 이해가 필수적이다.

2. 의사소통 능력과 쓰기 능력

오늘날과 같이 의사소통 능력을 강조하는 외국어 교육에서는 말하기 능력뿐만 아니라 쓰기 능력도 생산적 언어 기술(productive skill)로서 중요하게 여겨진다(Carduner, 2002). 하지만 아직도 의사소통 능력을 듣고 말하기 능력과 동일 시 하는 경향이 없지 않은 것 같다. 전통적인 우리나라 영어교육에서 듣고 말하기 능력 개발이 소홀했던 탓에 국제화 시대의 도래와 함께 영어로 듣고 말하는 능력의 부족을 실감하고 이를 강조하다보니 의사소통 능력은 바로 듣고 말하기 능력이라고 인식하게 된 것 같다. 하지만 요즘같이 인터넷이 발달한 시대에 사는 많은 사람들에게 있어서는 바로 눈앞에 있는 사람과 듣고 말하기를 통해 의사소통 하는 기회보다는 오히려 온라인상에서 문자를 통한 읽고 쓰기를 하는 기회가 더 빈번할 수 있다. 따라서 의사소통 능력을 듣고 말하는 능력과 동일 시 하는 것은 옳지 않다. 더구나 외국어로서의 영어(EFL)를 배우는 많은 학습자의 경우, 일상생활 속에서 영어를 말하는 경우가 거의 없다(Eskey, 2005)는 점을 감안하면 의사소통에 있어서 문자언어의 역할에 보다 많은 관심을 기울여야 할 것이다. 언어의 네 가지 기술의 발달은 서로 보완적이지 배타적인 것이 아니라는 점(Brown, 1994)을 기억할 필요가 있다.

쓰기는 아마도 언어의 네 가지 기술 중에서 대부분의 사람들에게서 가장 적게 쓰이는 기술일 것이다. 상당히 발전된 사회에서조차 쓰기에 어려움을 느끼는 성인들이 적지 않은 것이 사실이다(Davies & Pearse, 2000). 우수한 쓰기 능력은 다독(extensive reading)과 어느 정도의 훈련이 필요하고 상당한 양의 연습을 필요로 한다. 하지만 잘 발달된 쓰기 기술은 오늘날과 같이 인터넷이 발달한 시대에서 유용한 의사소통 수단이 된다(Hess, 2001). 따라서 쓰기 기술을 언어의 네 가지 기술 중에서 가장 나중에 가르쳐야 할 기술이라고 생각할 것이 아니라, 의사소통을 위한 유용하고 효과적인 수단으로 인식하고 언어 지도 시에도 더 많은 강조를 할 필요가 있다(Raimes, 1985). 하지만 많은 외국어 학습자의 경우 말하기조차 제대로 숙달되지 않은 상태에서 글을 써야 하기 때문에 쓰기가 어려울 수밖에 없다. 이런 어려움을 감안하지 않고 쓰기 지도를 한다면 아마 학습자는 글 쓰는 것 자체에 대한 흥미를 잃어버릴 수도 있을 것이다. 따라서 학생들이 글을 잘 쓰도록 돕기 위해서 교사는 점수와 상관없이 편한 마음으로 글을 쓰는 기회를 보다 많이 제공할 필요가 있다(Armstrong, 2010).

3. 모국어 쓰기와 외국어 쓰기

아이들은 다양한 방법으로 모국어 쓰기를 배운다. 그들은 발견을 통해서 배우며, 쓰기를 위한 나름대로의 전략을 만들어 낸다. 그리하여 하나의 전략으로부터 다른 전략으로 발전적으로 성장해간다. 그들은 주위의 다른 사람들로부터 의미 있는 보기들을 제공받기도 하고, 글쓰기를 나름대로 익혀가는 과정에서 또래끼리 배우기도 한다. 아이들이 이렇게 대양한 방법들을 통해 쓰기를 배워갈 때 그들은 긴 시간에 걸쳐 다음과 같은 쓰기 단계들을 밟아가며 성장하게 된다(Shedd, 2008).

1) 그림(drawing)을 통해 쓰기

그림을 그리는 것은 아이들이 종이 위에 자신을 표현하는 첫 번째 방법 중 하나이다. 이렇게 종이 위에 무언가를 그리는 것은 쓰기 발달 단계 중 가장 이른 형태에 해당한다.

2) 끼적거림(scribbling)을 통해 쓰기

이 단계에서는 그림과는 다른 특징을 보이기 시작하는데, 이때의 쓰기는 비록 삐뚤삐뚤하지만 뭔가 일렬로 표현하는 형태를 띠게 된다. 이때의 쓰기는 나름대로 어떤 형식을 따르기도 하는데, 아이들이 다른 글이나 리스트, 편지, 책 등에서 본 모델을 따라하면서 왼쪽에서 오른쪽으로 나아간다든가, 위에서 아래로 나아가는 형식을 띠기도 한다.

3) 철자같이 생긴 형태나 철자를 여러 개 나열함으로써 쓰기

이 단계에서는 실제로 철자의 나열이나 철자같이 생긴 형태의 쓰기가 시작된다. 이때의 철자 나열은 실제 단어가 아닌 경우도 많다. 하지만 무언가 의미 전달을 하고자 하는 노력을 엿볼 수 있다.

4) 추측하는 철자(estimated spelling)를 사용한 쓰기

어른들이 사용하는 보다 전통적으로 관습화된 철자들이 많이 나타나는 단계이다. 이 때 아이들은 자신이 알고 있는 음성언어의 소리에 바탕을 두고 철자를 스스로 만들기도 하는데 이를 두고 흔히들 창안적 철자(invented spelling) 또는 일시적 철자(temporary spelling)라고 일컫기도 한다.

5) 관습화된 철자(conventional spelling)를 사용한 쓰기

시간이 흐르면서 책이나 프린트에 노출됨으로써 아이들은 보다 전통적으로 관습화된 철자를 사용할 수 있게 된다. 이는 일반적으로 아이들이 학교에 입학하여 학교교육을 받게 되면서 시작되는 단계이다.

이상에서 대략 아이들이 문자를 습득하는 단계에 대해 살펴보았다.

그런데 이러한 문자 습득에 대해 사람들은 흔히 아이들이 학교에 들어가서 먼저 읽기를 배우고 다음에 쓰기를 배울 것이라고 믿고 있다. 하지만 이런 믿음과는 달리 아이들은 자신의 일생에서 읽고 쓰는 법을 매우 일찍 배우기 시작한다고 할 수 있다. 왜냐하면 아이들은 처음부터 여러 형태의 의사소통과 접해왔기 때문이다. 대부분의 아이들은 2~3세가 될 때까지 흔한 표시나 기호를 인식할 수 있게 되는데, 읽기를 시작하기 훨씬 이전에 끼적거리는 것을 시작함으로써 문자 형태의 의사소통을 나름대로 해보게 된다(Carson, et al., 1990). 따라서 아이들에게 있어서 읽기와 쓰기 능력은 동시에 발달하며 서로 밀접하게 연관되어 있다고 할 수 있다. 많은 사람들이 생각하는 것처럼 아이들에게 있어서 읽기 능력이 쓰기 능력보다 먼저 발달하는 것이 아니다.

다른 언어 기술들과 마찬가지로 쓰기에 있어서도 외국어 학습자들은 여러 가지 이슈에 접하게 된다. 쓰기에서 일어날 수 있는 이슈들도 사실은 언어 능력 발달의 다른 영역들에서 일어날 수 있는 이슈들과 마찬가지로 학습자 요인, 언어적 요인, 환경적 요인 등, 여러 가지 요인들에 기인한다(Reichelt, Lefkowitz, Rinnert, & Schultz, 2012). 그중에서도 목표언어에 대한 지식이 아마도 외국어 학습자들에게 있어서 가장 도전적인 부분일 것이다. 영어를 외국어로서 배우는 학습자들은 새로운 어휘를 배우는 것뿐만 아니라 영어 문법과 문장의 구조, 발음도 배워야 하는데, 이 모든 것들이 자신의 모국어와 매우 다를 수 있다(Silva, 1993). 심지어 어떤 언어들은 왼쪽에서 오른쪽으로 나아가며 글을 쓰지 않고 그 반대 방향으로 쓰는가 하면 어떤 언어들은 구두점 사용에 있어서도 영어와 매우 다르거나 영어에는 아예 존재하지도 않는 구두점을 사용하는 경우도 있다. 또한 언어들이 서로 매우 다른 문장구조를 가지고 있는 경우도 있어서 영어를 배우는 외국어 학습자들에게 영어로 글을 쓰는 것이 매우 어려운 일일 수 있다.

학습자의 모국어와 목표언어 간의 차이점이나 유사점에 상관 없이 외국어 쓰기에 있어서 모국어의 영향은 불가피하다(Lally, 2000). 긍정적인 영향도 있고 부정적인 영향도 있다. 이러한 영향은 또한 학습자의 나이와 언어 환경에 따라 다를 수 있다. 〈부록 1〉에서는 ESL(English as a second language) 상황에서 제2언어로서 영어를 배우는 초등학교 학습자와 EFL(English as a foreign language) 상황에서 외국어로서 영어를 배우는 대학생 학습자가 쓴 작문의 예를 각각 제시하였다. 작문을 보면 알 수 있듯이 제2언어로서 영어를 학습하는 필자의 경우에는 오류가 주로 철자 상의 오류이고 문법적으로는 심각한 오류가 거의 없음을 알 수 있다. 그만큼 필자가 이미 자신을 표현할 만큼의 문법을 터득한 상태임을 알 수 있다. 또한 철자 상의 오류도 이미 음성언어에 숙달된 상태이기 때문에 창안된 철자(invented spelling)를 사용한 결과 발생한 오류이다. 이러한 오류는 언어 환경 속에 노출되어 생활하는 동안 언어가 자연스럽게 발달하면서 그냥 두어도 저절로 고쳐질 수 있는 오류이다. 반면에 외국어 학습자의 경우 철자 상의 오류보다 더 큰 문제는 문법적인 오류가 상당히 심각하다는 점이다. 뿐만 아니라 내용도 대학생의 수준에 맞지 않는 유치한 내용이다. 이런 문법적 오류는 EFL 상황에서는 저절로 자연스럽게 고쳐질 가능성은 없다. 또한 유치한 내용도 그 학생의 영어 능력이 나아지지 않는 한 달라지기는 어렵고, 따라서 학생의 인지 수준에 맞는 글이 생산되기를 기대하기도 어렵다.

제2장 쓰기에 대한 이해

1. 쓰기의 정의 및 구성 요소
2. 쓰기 과정(Writing Process)
3. 결과중심 쓰기(Product Writing)와
   과정중심 쓰기(Process Writing)
4. 능숙한 필자의 특징

2
chapter
쓰기에 대한 이해

1. 쓰기의 정의 및 구성 요소

쓰기의 정의를 말하기에 앞서 잠시 '쓰기(writing)'와 '작문(composition)'에 대해 언급을 할 필요가 있다. 원래 작문이란 문자언어나 음성언어 중 어느 것이든 모아서 의미가 있는 하나의 텍스트로 만드는 것을 의미한다. 따라서 작문을 한다는 것이 반드시 쓰기를 동반해야 한다는 것은 아니다. 아이들의 경우를 보면 기술적으로 볼 때 글을 쓸 수 있기 전에 이미 작문을 한다고 볼 수 있다. 어른들의 시각으로 보면 아직 제대로 된 이야기나 글이라고 말할 수 없지만 아이들 나름대로는 무언가에 대해 이야기를 만들고 쓴다는 점에서 이것도 작문이라고 볼 수 있다. 하지만 일반적으로 작문이라고 하면 음성언어보다는 문자언어로 메시지를 전하기 위해서 글을 쓰는 것, 즉 목적을 가지고 텍스트를 만드는 것을 지칭하는 경우가 많다.

일반적으로 사람들은 '쓰기(writing)'와 '작문(composition)'을 구분하지 않고 쓰는 경우가 많다. 하지만 '쓰기'는 말 그대로 한 자가 되었든, 한 문장이 되었든, 아니면 전체 텍스트가 되었든, 종이 위에 글을 쓴다는 뜻이다. 반면에 '작문(composition)'은 어떤 주제에 대해 자신이 가진 아이디어들을 함께 합침으로써 글을 만드는 것을 의미한다. 이렇게 볼 때 작문이란 길게 쓴 것을 의미하며, 따라서 단어 한 자 쓰는 것을 두고 작문이라고 일컫지는 않는다(Shedd, 2008). 교사가 쓰기 지도를 하는 궁극적인 목적은 학습자로 하여금 쓰기 연습을 통해서 훌륭한 작문을 할 수 있게 도와주는 것이라고 할 수 있을 것이다. 따라서 '작문 지도'라는 표현보다는 '쓰기 지도'라는 표현이 좀 더 포괄적이라고 할 수도 있다. 하지만 대체로 이 둘의 구분을 하지 않고 쓰는 경우가 많으며, 이런 면에서 본다면 쓰기의 정의도 작문의 정의와 크게 다를 바 없다고 할 수 있다.

작문에 대한 위의 정의는 작문을 하는 데 있어서 필자에게 필요한 두 가지 중요한 시사점을 제공한다. 첫째는 자신이 글을 쓰고자 하는 어떤 주제에 대해 나름의 아이디어들을 가지고 있어야 한다는 것이고, 둘째는 이러한 아이디어들을 효과적인 전체가 되도록 잘 합칠 수 있어야 한다는 것이다. 하지만 이러한 작문 능력 또는 쓰기 능력은 초보적인 쓰기에서는 기대하기 어려우며 보다 높은 단계의 쓰기에서나 가능하다. 왜냐하면 그것은 초보적인 쓰기에서 사용되는 기술 이상의 것들을 요구하기 때문이다. 초보적인 쓰기에는 ① 손으로 글쓰기 또는 타이핑하기, ② 철자쓰기, ③ 문법적인 문장 만들기, ④ 구두점 사용하기 등의 기본적인 기술들이 포함된다. 하지만 보다 높은 단계의 쓰기에서는 ① 제목과 관련된 정보와 아이디어를 모으고 관련 없는 것들은 버리기, ② 정보와 아이디어들을 논리적으로 배열하기, ③ 배열한 것들을 절(section)과 단락(paragraph)으로 나누기, 등과 같은 인지 기술들이 포함된다.

Zamel(1982)은 글을 쓰는 것을 가리켜 의미를 찾는 과정이라고 정의하였다. 글 쓰는 것에 대한 이러한 정의와 관련하여 글을 쓴다는 것이 무엇인가라는 보다 근본적인 질문에 답을 할 필요가 있다. 질문에 대해 학자들이 내린 답을 정리하면 다음과 같다.

1) 글을 쓴다는 것은 응답하는 것이다.

우리는 주위의 어떤 사람 또는 사물에 대해 반응을 하기 때문에 글을 쓴다. 이런 의미에서 글을 쓰는 행위는 분명 사회적인 행위라고 할 수 있다. 글을 쓰는 행위는 특정한, 종종 정해진 상황 속에서 일어난다. 우리는 그냥 글을 쓰는 것이 아니다. 항상 어떤 목적을 가지고 독자를 염두에 두고 글을 쓰게 되는데, 때로는 자신이 원하거나 필요해서, 때로는 다른 사람의 요구에 의해서 글을 쓰게 된다. 필자로서는 상황에 대한 지식이 필요하다. 즉, 자신의 글을 읽을 독자들이 언제 어디에서 이 글을 읽을 것이며, 그들이 자신을 필자로서 어떻게 볼 것인가 등에 대한 지식이 필요하다. 이 지식은 필자로서의 여러 가지 선택에 영향을 미치게 되며, 또한 이 지식을 통해 필자는 독자의 기대를 알게 되고, 특정한 글을 쓰기 위해 필요한 관습적인 것에 대해 알게 된다. 다시 말해서 글을 쓰는 상황은 적절한 어조와 어휘의 수준, 필자의 주장을 뒷받침 할 증거나 글의 장르, 그리고 때로는 구두점의 종류와 위치까지도 결정하게 되므로 적절한 글을 쓰기 위해서는 이에 대한 지식이 필수적이다.

2) 글을 쓴다는 것은 차례로 배열한다는 것이다.

효과적으로 의사소통을 하기 위해서는 자신이 선택한 단어와 아이디어를 독자에게 그 의미가 전달되도록 지면에 차례로 배열해야 한다. 이렇게 하는 것을 가리켜 사람들은 문법, 논리, 또는 글의 흐름과 같은 용어로 표현한다. 글의 구조가 중요하다는 것을 모두가 알지만 아이디어들을 차례로 배열하는 과정은 결코 쉬운 일은 아니며, 또한 이렇게 하는 것이 쓰기라는 인식을 하지 못하는 사람들도 적지 않다. 그런 사람들은 그 배열 과정이 생각보다 훨씬 복잡하다는 것을 알지 못한 채, 아이디어를 지면 위에 배열하는 것과 단순히 지면 위에 글을 적는 것을 동일시하는 경향이 있다. 글을 써 본 사람이면 알 수 있듯이, 아이디어들이란 이미 배열된 형태로 사람들 머리에 떠오르는 것이 아니다. 사람들은 관련된 아이디어들을 산만한 상태로 가지고 있을 수는 있다. 하지만 이 아이디어들이 다른 사람들에게 전달할 어떤 메시지로 발전하기 위해서는 그 아이디어 간의 논리적 연관성을 만들어 낼 수 있는 쓰기 행위가 포함되어야 한다. 따라서 필자는 단순히 아이디어를 갖는 것뿐만 아니라 그것들을 잘 배열할 수 있어야 한다. 즉, 그 아이디어들이 의미가 있기 위해서는 독자를 위해서 그 아이디어들을 "쓰는 것"이 필요하다.

3) 글을 쓴다는 것은 반복하는 것이다.

글을 쓴다는 것은 반복적인(recursive) 것을 의미한다. '반복적인'이라는 용어는 필자가 글을 쓰는 과정에서 이미 쓴 단락이나 페이지를 다시 읽으면서 좀 더 명확하고 일관성 있게 만들고, 의도한 바대로 표현을 하기 위해서 다시 쓰는 행위를 의식적으로 또는 무의식적으로 반복하는 행위를 지칭한다. 쓰고, 읽어보고, 바꾸고, 다시 쓰는 이러한 과정은 예상되는 독자들을 위해서 필자가 자신의 뜻을 다듬는 중요하고 자연스런 부분이다.

4) 글을 쓴다는 것은 주관적이기도 하고 객관적이기도 하다.

사람들이 글쓰기를 가치 있게 여기는 이유는 글을 쓸 때 필자는 개인적인 선택을 하는 것이며, 자신의 정신이나 아이디어를 연결하고 다듬는 능력, 그리고 사람들을 독자로 만드는 능력을 나타내기 때문이다. 글은 필자의 주관적인 입장을 나타내는 증거이다. 이렇게 매우 개인적이고 주관적이라고 할 수 있는 글쓰기는 또한 개인을 떠나 객관적인 공간을 창조하기도 하는데, 사람들은 그러한 상황에서 나온 객관적인 기준에 근거하여 글쓰기를 평가한다.

5) 글을 쓴다는 것은 결정을 하는 것이다.

종이 위에 뭔가를 쓰기 위해서 필자는 단어를 선택해야 하고, 문장 속에 그 단어들을 배열해야 하며, 문장들을 모아 단락으로 만들고, 단락들을 적절한 순서로 배열하여 하나의 완성된 글이 되게 해야 한다. 이 과정에서 필자는 거의 무의식적으로 여러 가지 사안에 대해서 결정을 하게 된다. 글을 써 본 사람이라면 알겠지만 이러한 결정은 그리 간단한 것이 아니며, 매우 복잡한 과정이다.

6) 글을 쓴다는 것은 하나의 과정이다.

따라서 필자는 글쓰기 과정을 제대로 습득하여야 좋은 글을 쓸 수 있다. 이 과정에는 계획부터 초안 쓰기, 수정하기, 교정하기 등의 단계가 포함된다. 쓰기 과정에 대해서는 다음 절에서 보다 상세히 설명하기로 한다.

이상과 같은 특징을 가진 쓰기는 여러 가지 구성요소들이 있다. 학자에 따라 강조하는 바는 다를 수 있으나 이 구성요소들 각각이 질 높은 글을 쓰는 데 필요한 주요한 지식을 포함하고 있음에는 틀림없다. Duke(2007)에 의하면 글의 구성요소에는 신체적 구성요소(physical components), 사전 지식(Prior Knowledge), 과정 지식(Process Knowledge), 전략적 지식(Strategic Knowledge), 언어 지식(Linguistic Knowledge), 장르 지식(Genre Knowledge), 독자에 대한 의식(Audience Awareness) 등이 포함된다. 이들 이들 구성요소들에 대한 그의 설명을 소개하자면 다음과 같다.

① 신체적 구성요소(physical components) - 쓰는 동작을 위해서는

운동 기능이 필요하다. 다시 말해서 신체적으로 글을 쓸 수 있는 요건을 갖추어야 한다는 뜻이다.

② 사전 지식(Prior Knowledge) - 필자가 이미 알고 있는 것은 자신의 사고뿐만 아니라 글을 쓰는 데에도 영향을 미친다. 글의 내용과 관련된 필자의 사전 지식은 보다 설득력 있는 글을 쓰는 데에도 필요하다.

③ 과정 지식(Process Knowledge) - 글을 쓰는 과정에 대한 이해와 글을 쓰는 동안 이 과정을 따라 조직화된 글을 쓸 수 있는 능력이 필요하다.

④ 전략적 지식(Strategic Knowledge) - 미리 계획하고 편집하고 수정하고 윤곽을 정하고 구조화하는 것 등. 글을 쓰기 위해서는 계획된 전략이 필요하다.

⑤ 언어 지식(Linguistic Knowledge) - 어휘, 문장 구조, 문법, 구두점 등에 대한 언어 지식은 자신의 아이디어를 독자가 이해할 수 있도록 종이 위에 표현하는 데 필요한 기본 지식이다.

⑥ 장르 지식(Genre Knowledge) - 다양한 형태의 장르와 텍스트 구조, 또 그 구조에 사용되는 표시어(signal word)들에 대한 지식이 필요하다.

⑦ 독자에 대한 의식(Audience Awareness) - 자신의 글을 읽을 독자를 아는 것과 글의 주제에 대해 독자들의 사전 지식 정도에 대해 알 필요가 있다. 자신이 쓴 글을 읽을 독자에 대해 안다는 것은 어휘 선택이나 예를 드는 것 등, 그들의 이해와 수준과 경험의 범위에 맞게 글을 쓰는 데 도움이 된다.

⑧ 자기 통제(Self Regulation) - 글을 쓰면서 스스로 체크하고, 자신의 의도에 대해 질문을 던지고, 자신의 감정에 대해 깨닫는 등, 필자로서의 나름의 규칙이 필요하다.

⑨ 동기적 구성요소(Motivational Components) - 자신이 쓰는 글에

대한 확신과 글을 쓰는 즐거움을 갖는 것 등이 여기에 해당한다.

글을 쓰는 데 포함되는 이상의 여러 구성요소들이 한데 어울려 필자로 하여금 질적으로 훌륭한 글을 쓸 수 있게 한다. 따라서 글쓰기를 배우는 학생들은 이 각각의 구성요소들을 인지할 수 있어야 할 것이며, 교실에서의 교사는 이에 대해 학생들에게 도움을 줄 수 있어야 할 것이다.

2. 쓰기 과정(Writing Process)

쓰기 지도를 하는 교실에서 가장 중요한 목표 중의 하나는 학생들로 하여금 효과적인 쓰기 과정을 개발할 수 있도록 하는 것이다. 그리하여 학생들이 교실에서만 글을 쓰는 것이 아니라 수업 후 교실 밖에서도 계속해서 글쓰기를 배울 수 있게 해 주는 것이다.

글을 쓸 때 학생들은 기본적으로 적어도 네 단계- 즉 '계획하기(planning)', '초안 작성하기(drafting)', '수정하기(revising)', '교정하기(editing)' -의 쓰기 과정을 거치게 된다. 하지만 이 각 단계의 명칭들은 학자들마다 약간씩 다르게 사용되기도 한다. 학자들에 따라서는 첫 단계인 '계획하기(planning)'는 '사전쓰기(prewriting)'로, 둘 째 단계인 '초안 작성하기(drafting)'는 '쓰기(writing)'라는 용어로 대신 사용하는 경우도 있으며, '수정하기(revising)'를 '초안 재작성하기(redrafting)'라는 용어를 사용하기도 한다는 점, 그리고 마지막에 다섯 째 단계로 '출판하기(publishing)'를 첨가하는 경우도 있다. 쓰기 과정의 단계들에 대해 그동안 설명되어 온 바를 소개하자면 다음과 같다.

■ 제 1 단계: 계획하기(Planning)

쓰기 과정의 첫 단계로서 글을 쓰기 위해 계획을 짜고 아이디어를 모으는 것을 의미한다. 이것은 대략의 초안을 작성하기 전에 필자가 하는 모든 것을 포함한다. 여기에는 최소한 아이디어를 생각해내는 것이 포함된다. 일단 아이디어를 생각해내면 그것을 확장할 필요가 있다. 아이디어가 생각났다고 해서 바로 쓰기를 시작하는 것은 잘못이다. 그런 식으로 쓰기를 하게 되면 구조적으로 형편없는 글이 탄생할 가능성이 있다.

그렇다면 아이디어를 어떻게 확장할 것인가? 우선 자신이 가진 기본 아이디어에 살을 붙이는 작업이 필요하다. 이에는 두 가지 잘 알려진 방법이 있는데 하나는 자유롭게 쓰기(free writing)이고 다른 하나는 브레인스토밍(brainstorming)이다. 전자는 쓰고자 하는 제목에 대해 생각나는 것을 무조건 다 적는 방법이다. 이 때 비록 실수를 했다하더라도 그것을 고치기 위해 멈출 필요가 없다. 그냥 생각나는 대로 종이 위에 써내려 가면 되는 것이다. 반면 후자는 종이의 한복판에 아이디어나 주제 또는 제목을 쓰고 거기에다 부제나 방향 등, 생각나는 모든 아이디어들을 덧붙이는 것이다.

일단 위의 두 가지 아이디어 확장 방법 중 하나나 둘을 끝내고 나면 그 중에서 첫 초안에 포함시킬 것들을 선택하는 것이 필요하다. 먼저, 생각해 낸 여러 아이디어들 중에서 어느 아이디어를 실제 글에 포함시킬 것인가에 대해 결정을 해야 한다. 다시 말하자면 자유롭게 쓰기나 브레인스토밍을 하는 동안 종이 위에 쏟아 놓은 여러 가지 부스러기 생각들 중에서 어떤 것을 실제 글에 포함시키고 어떤 것을 뺄 것인가를 결정해야 한다. 글에 포함시킬 아이디어를 고른 다음에는 그것들을 어떻게 배열할 것인가를 결정해야 한다. 이 때 논리적인 전개를 할 수 있어야 한다. 그래야만 글의 일관성이 갖추어지게 되고 글을 읽는 독자들이 글의 흐름을 보다 쉽게 파악하여 글의 내용을 보다 쉽게 이해할 수 있게 된다.

■ 제 2 단계: 초안 작성(Drafting)

쓰기 과정의 제1단계인 계획 단계에서 글에 포함시킬 아이디어와 그 배열까지 구상을 했다면 제2단계인 초안 작성 단계에서는 첫 초안 (first draft, rough draft, or rough copy)을 쓴다. 이 단계에서는 대충의 첫 초안을 작성하게 되는데, 문법이나 철자, 구두점 같은 것은 신경 쓸 필요가 없고, 심지어 글이 주제에서 벗어났거나 글의 일부가 전체 글에 맞지 않는 부분이 있다고 하더라도 개의치 말고 그냥 써 내려가기만 하면 된다. 전문적인 작가들도 한 번 만에 글을 쓰는 경우는 거의 없으며, 여러 초안들을 작성한 끝에 드디어 최종 작품이 나온다는 사실을 감안한다면 글을 쓴 경험이 별로 없는 초보자의 경우 여러 번의 초안을 쓰고 또 쓰는 것은 당연한 일이다. 따라서 여러 번의 초안 작성을 하는 것은 쓰기 과정에 포함되는 당연한 과정으로 이해되어야 할 것이다.

■ 제 3 단계: 수정하기(Revising)

수정하기는 초안을 개선하기 위한 과정이다. 학생들은 자신이 쓴 글을 다시 읽고 짝이나 작은 모둠의 구성원들과 함께 자신의 글을 공유한다. 그러면서 동료들로부터 받은 피드백을 참고하여 자신의 글을 수정한다. 여기서 글을 수정한다는 것은 큰 그림의 변화를 말한다. 전체 절(section)을 삭제할 수도 있고, 단락(paragraph) 전체를 다시 쓸 수도 있고, 독자가 필요로 할 것이라고 생각되는 정보를 추가할 수도 잇을 것이다. 아무리 숙달된 필자들이라도 이렇게 수정하는 단계가 필요하다. 이 수정 단계는 A.R.R.R.(Adding, Rearranging, Removing, Replacing) 접근법으로 불리기도 하는데, 예를 들면 독자가 알고 싶어하는 부분에 대해서 정보를 첨가(Adding)할 수도 있고, 단락들을 재배열(Rearranging)하거나 제거(Removing)함으로써 글의 흐름을 보다 원활히 할 수도 있다. 또한 이미 있는 부분을 보다 나은 다른 것으로 교체(Replacing)함으로써 보다 힘 있는 글이 되게 할 수도 있다.

■ 제 4 단계: 편집하기(Editing)

편집하기는 기계적인 오류를 고치는 과정이다. 앞 단계의 수정하기가 내용에 관한 것이라면 편집하기는 형식적인 면에 관한 것이라고 할 수 있다. 편집 시 체크해야 할 사항들에는 다음과 같은 것들이 포함된다.

- 한 문장이나 단락에 지나치게 같은 단어를 자주 사용하지 않았는지 체크한다. 만약 그럴 경우 다른 유의어를 대신 사용하도록 한다.
- 문장 중 이해하기 어려운 문장은 없는지 확인한다. 자신의 생각을 보다 명확히 할 수 있도록 그런 부분은 다시 쓰도록 한다.
- 문장이 보다 힘 있는 문장이 될 수 있도록 삭제해야 할 단어는 없는지 확인한다. 가령 'just', 'quite', 'very', 'really', 'generally' 등의 단어들은 필요한 경우도 있겠지만 때로는 삭제하는 것이 더 힘 있는 문장이 될 때가 많다.
- 문장들이 문법적으로 옳은지 확인한다. 주어-동사가 일치하는지, 시제가 일관성 있게 사용되었는지, 등을 살펴보아야 할 것이다.
- 철자가 정확한지 확인한다. 컴퓨터의 맞춤법 체크로 걸러낼 수 없는 오류들도 있으니 가능한 여러 번 교정을 보는 것이 좋다.
- 구두점을 제대로 사용했는지 확인한다. 콤마 하나 사용하느냐 안 하느냐에 따라 뜻이 상당히 달라지는 경우도 있으니 이 점에 대해서도 꼼꼼하게 확인을 하는 것이 좋다.

이상에서 네 단계의 쓰기 과정을 살펴보았다. (학자들에 따라서는 여기에다 다섯 째 단계로 출판하기(publishing)를 넣기도 한다.) 하지만 기억할 것은 위 단계들은 글을 쓸 때 반드시 순서대로 밟아야 하는 고정된 단계가 아니라는 점이다. 필자가 글을 쓰는 동안에 언제든지 전 또는 후 단계로 옮겨갈 수 있는 단계들이다. 이를 Seow(2002)는 아래 그림과 같이 도식화하였다.

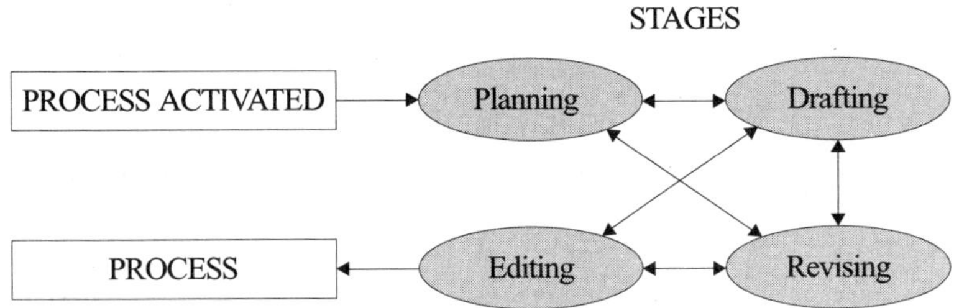

The Writing Process (Seow, 2002, p. 315)

3. 결과중심 쓰기(Product Writing)와 과정중심 쓰기(Process Writing)

쓰기 과정은 크게 결과중심 쓰기와 과정중심 쓰기로 나눌 수 있다. 전형적인 결과중심 접근법에서는 쓰기란 미리 정해진 목적을 향하여 나아가게 된다. 이 접근법에서는 학습자들에게 모델 텍스트가 주어지며, 학습자들은 주로 문장 수준에서 그 모델 텍스트를 모방하고(imitate), 베끼고(copy), 변형하는(transform) 활동을 하게 된다. 이 접근법은 학습자들이 일관성 있는 단락들을 생산해낼 수 있기 전에 문장 수준의 언어를 먼저 마스터해야 하며, 따라서 쓰기 지도는 먼저 문장을 형성하고 문법적인 연습하는 것부터 시작해야 한다는 믿음에서 비롯되었다(Nunan, 1991). 하지만 이러한 결과중심 접근법에서 알 수가 없는 것은 필자가 실제 어떻게 글을 썼는지 하는 점이다.

결과중심 접근법에서 추구하는 모방을 통한 쓰기 학습이 60~70년대 구조주의 언어학(structural linguistics)에서 다루는 문장 수준의 쓰기에는 적절한 방법이었다고 할 수 있겠으나, 담화(discourse) 수준의 언어에 관심을 갖는 보다 현대적인 언어 학습 견해와는 맞지 않았다. 또한 사람들은 능숙한 필자들이 한 번 만에 글을 완성하는 것이 아니며, 글을 쓰는 작업은 최종 결과물이 나오기 전 여러 번의 초안을 쓰고 고쳐야 하는, 길고 때로는 고통스런 작업이라는 점을 인식하게 되었다. 그리하여 쓰기 지도에 있어서도 교사들은 글을 쓴 결과보다는 글을 쓰는 과정에 더 관심을 갖는 과정중심 접근법에 관심을 갖게 되었다. 간단히 말해서 과정중심 접근법에서의 쓰기란 쓰기를 통해 쓰는 방법을 배우는 것이라고 할 수 있다. 하지만 과정중심 접근법의 단점 중 하나는 무엇보다 시간이 많이 걸린다는 점이다. 따라서 교육환경에 따라서는 이 접근법이 적절하지 못할 수도 있으며(Harmer, 1998), 과정중심 접근법의 영향에도 불구하고 실제 외국어 교사들은 여전히 결과중심 접근법을 많이 따르고 있는 것이 이를 반영하고 있다.

이상에서 쓰기 과정의 두 가지 접근법에 대해 간단히 기술하였다. 하지만 이 두 가지 접근법은 서로 배타적인 것이라고는 말할 수 없다. 과정중심 쓰기에서 볼 수 있는 행위들 즉, 초안을 다시 쓴다든지 서로 협동한다든지 하는 행위들이 교실에서 쓰기 모델을 연습하는 결과중심 쓰기 과정에 얼마든지 통합되어 지도될 수 있기 때문이다(Nunan, 1991). 따라서 교사는 학습 효과를 최대한으로 높이기 위해서 그 두 가지 접근법을 어디에 어떻게 사용할 것인가에 대해 고민할 필요가 있다. 그러면 다음으로 각 접근법을 단계별로 좀 더 상세히 살펴보자.

1) 결과중심 접근법

전통적인 접근법으로서 과정보다는 결과에 중심을 두는 접근법이다. 이는 대략 다음과 같은 단계를 따른다.

■ 제 1 단계 :

모델 텍스트가 읽혀지고 그 텍스트 장르의 특징들이 강조된다. 예를 들어 만약 형식을 갖춘 편지글을 학습한다면 문단을 나누는 것과 격식을 갖춘 요청을 하기 위해 사용되는 언어에 학생들의 관심을 집중시켜야 할 것이다. 만약 스토리를 학습한다면, 스토리를 보다 재미있게 만드는 데 사용되는 테크닉과 그 테크닉을 언제 어디에서 사용해야 할 것인가에 초점을 맞추어야 할 것이다.

■ 제 2 단계 :

이 단계에서는 강조하고자 하는 글의 특징에 대해 대부분 독립된 형태로 통제된 연습을 하는 단계이다. 그래서 만약 학생들이 격식을 갖춘 편지글을 공부한다면 격식을 갖추어 요청을 하기 위해 필요한 언어를 연습하여야 할 것이다. 예를 들어 '만약 ~해주신다면 정말 감사하겠습니다.' 등의 요청하는 표현을 연습하게 할 수 있을 것이다.

■ 제 3 단계 :

이 단계에서는 아이디어를 구조화하는 단계이다. 과정중심 접근법을 선호하는 사람들 중에는 아이디어를 구조화하는 이 단계가 언어를 구사하는 것 못지않게 중요하며, 아이디어 그 자체보다 더 중요하다고 주장하는 사람들이 많다.

■ 제 4 단계 :

쓰기를 학습하는 과정에서 마지막 결과를 내는 단계로서 학생들은 쓰기과제들 중에서 선택을 하여 개별적으로 앞서 배운 기술과 문장구조, 어휘 등을 사용하여 자신들의 언어 사용 숙달 정도를 드러내며 최종 결과물을 만들어 내게 된다.

2) 과정중심 접근법

쓰기 지도에서 과정중심 접근법은 언어 사용을 증진시키는 보다 다양한 교실 활동들-즉, 브레인스토밍(brainstorming), 모둠 토론(group discussion), 다시 쓰기(re-writing) 등-을 동원하게 된다. 이 접근법은 다양한 수의 단계들을 거칠 수 있는데, 대개의 경우 다음과 같은 학습활동들을 단계별로 동원하며 진행된다.

■ 제 1 단계 :

이 단계에서는 브레인스토밍과 토론을 통해서 아이디어를 생산하게 되는데, 브레인스토밍이란 창의적인 아이디어를 생산하기 위한 학습도구로서 모둠의 토론으로 이루어진다. 학생들은 어떤 문제에 대해 아이디어를 내어 놓거나 답을 하거나 이유를 설명한다. 예를 들면 학생들은 우리 사회에 사교육이 만연하는 현상에 대해 토론을 할 수도 있고, 학생들이 교복을 착용하는 것에 대한 찬반 의견을 말하는 등 사회적 이슈에 대해 논의를 할 수도 있다. 브레인스토밍 과정에서 학생들은 생각나는대로 빨리 자신의 아이디어들을 쏟아내게 되고 이 아이디어들은 나중에 흥미로운 글을 쓰는 데 밑거름이 된다. 이 단계에서 교사는 학생들의 아이디어 창출에 방해가 되지 않기 위해서 학생들 뒤에 물러서 있으면서 필요한 경우에 학생들에게 언어적인 도움을 주기만 하면 된다.

■ 제 2 단계 :

이 단계에서 학생들은 브레인스토밍 단계에서 자신들이 쏟아낸 아이디어들을 노우트 형태로 확장하게 되며, 아이디어들의 질과 유용성에 대해 판단을 함으로써 글에 포함시킬 아이디어와 버릴 아이디어를 가리게 된다.

■ 제 3 단계 :

이 단계에서 학생들은 앞 단계에서 선택된 아이디어들을 하나의 마인드맵이나 방사형 도형(spidergram) 혹은 일직선상의(linear) 형태로 구조화하게 된다. 이 단계는 아이디어들의 계층적 관계(hierarchical relationship)를 보다 명백히 하는 데 도움이 되며, 이는 다시 학생들이 텍스트 구조를 만드는 데 도움이 된다.

■ 제 4 단계 :

이 단계에서 학생들은 첫 초안(first draft)을 작성하게 된다. 이것은 교실에서 이루어지며 종종 짝 활동이나 모둠 활동의 형태로도 이루어진다.

■ 제 5 단계 :

이 단계에서 학생들은 작성한 초안을 서로 교환하여 서로의 글 읽기를 한다. 독자로서 남의 글을 읽고 반응하는 과정에서 학생들은 필자는 다른 사람이 읽을 것을 쓴다는 사실을 인지할 수 있게 된다. 이러한 인지는 필자 자신이 글을 쓸 때에도 반영이 되어 자신의 초안들을 개선할 수 있게 된다.

■ 제 6 단계 :

이 단계에서는 서로 교환하여 읽은 초안들을 주인에게 되돌려주며 동료들의 피드백을 바탕으로 자신의 글을 개선하게 된다.

■ 제 7 단계 :

이 단계에서 학생들은 마지막 초안(final draft)을 쓰게 된다.

■ 제 8 단계 :

마지막 단계인 이 단계에서 학생들은 다시 한 번 서로의 글을 교환하여 읽기를 하고 피드백을 주며 받은 피드백에 대하여 반응하며 글을 다시 쓰기도 한다.

이상에서 과정중심 접근법의 단계들에 대해서 살펴보았다. 이 단계들을 통해서도 알 수 있듯이 과정중심 접근법에서 학생들의 협동 작업(collaborative work), 즉 토론(discussion)은 아이디어를 창출하고 구조화하는 데 있어 매우 중요한 역할을 한다. 학생들이 자신들이 쓴 초안들을 서로 교환하는 것은 다른 사람의 글을 읽는 독자가 된다는 것을 의미한다. 이는 쓰기 경험에서 매우 중요한 부분인데, 독자로서 다른 사람의 글을 읽고 모둠 활동을 통해 그에 대해 응답한다는 것은 학생들 자신이 필자로서 글을 쓸 때 독자를 의식하고 글을 써야 한다는 사실을 인식하게 해준다.

과정중심 접근법을 따르는 교실에서 교사가 할 수 있는 역할 중에는 모델 텍스트 제공이 포함된다. 하지만 결과중심 접근법에서와는 달리 과정중심 접근법에서의 모델 텍스트는 학생들이 따라야 할 모델이 아니라, 자신이 글을 쓰고 난 후에 교사로부터 제공받는 것으로서, 학생들로 하여금 자신의 아이디어를 보다 풍부하게 해주는 자원(resource)으로 활용할 수 있게 해주는 역할을 한다. 따라서 일단 학생들은 첫 초안을 쓰고 나서 모델 텍스트와 자신의 글을 비교하게 된다. 이렇게 모델 텍스트를 제공함으로써 교사가 학생들의 글 쓰는 데 관여를 하는 것이 그들의 학습 과정에 도움이 된다.

과정중심 접근법이 결과중심 접근법과 다른 점은 쓰기를 완성한 뒤의 산물 즉, 쓰기 결과물(product)에 대해 미리 예상할 수 없다는 것이다. 과정중심 접근법에서 쓰기란 다양한 방법으로 이루어질 수 있으며, 그 결과도 필자의 수만큼이나 다르게 나올 수 있다. 이러한 과정중심 접근법에서는 결과중심 접근법과는 달리 다른 사람의 글을 소개할 수는 있지만 이는 항상 학생들이 자신의 글을 쓰고 난 후에 있는 일이며, 따라서 텍스트는 학생들이 따라해야 할 모델이 아니라 자신의 아이디어를 풍부하게 해주는 자원(resource)이라고 볼 수 있다.

하지만 이러한 과정중심 접근법이 항상 좋은 점만 있는 것은 아니다. 과정중심 접근법의 가장 큰 단점 중 하나는 시간이 많이 든다는 점이다. 아이디어들을 브레인스토밍하거나 또는 다른 방법으로 그것들을 모으는 데에도 시간이 걸리며, 초안을 작성하는 데에도 시간이 걸리며, 보다 많은 아이디어들을 생산하거나 초안을 다시 작성하거나 다시 교정하는 일을 하는 데에도 시간이 걸린다. 따라서 과정중심 쓰기 지도가 적절하지 못한 경우가 있는데, 예를 들면 교실에서의 수업 시간이 제한되어 있다거나 학생들이 의사소통 게임의 일부로서 빨리 글을 써야 하는 경우에는 과정중심 쓰기 지도가 적절하지 않다고 할 수 있다.

학습자들의 쓰기 능력 개발을 위해서는 결과중심보다는 과정중심 접근법이 기여하는 바가 더 크다는 데 대하여 이의를 제기할 사람은 없을 것이다. 하지만 과정중심 접근법이 실제 학생들의 쓰기 능력 개발에 기여하는 바가 크다고 하더라도 교사나 학생 모두 기억해야 할 점은 그 접근법을 사용한다고 해서 갑자기 획기적인 쓰기 능력 향상이 일어날 것이라고 기대해서는 안 된다는 점이다. 만약 그런 변화를 기대한다면 그 자체가 비이성적라고 할 수 있을 것이다. 과정에 초점을 맞춘 활동들은 학생들이 자신의 언어 능력에 맞게 성장해 나가는 데 도움이 되는 것일 뿐이며 따라서 그 이상은 기대를 하지 않는 것이 좋다.

3) 쓰기 지도 접근법의 선택

교실에서 쓰기를 지도하는 방법에는 여러 가지가 있을 수 있다. 기억할 것은 쓰기 지도에 있어서 올바른 방법이라든가 최상의 방법이란 없다는 것이다. 쓰기 지도에 있어서 교사는 쓰기 결과물에 초점을 맞출 수도 있고 쓰기 과정에 초점을 맞출 수도 있다. 결과물에 초점을 맞출 때는 쓰기 과제의 목적과 그 결과에만 관심이 있는 경우이며, 따라서 그 목적을 달성하기 위해 글을 쓰게 하면 되는 것이다. 하지만 글을 쓰는 과정을 중시하는 경우에는 글을 쓰는 과정에서 거치게 되는 여러 단계들에 주목하게 된다. 그리하여 교사는 학습자와 함께 쓰기 전 단계에서부터 초안 고쳐 쓰기, 교정, 출판에 이르기까지 학습자와 함께 글의 내용에 대해 시간을 보낸다. 이런 단계들을 거치면서 교사는 학습자들이 글을 쓸 때 동원해야 할 여러 가지 기술들을 익힐 수 있도록 돕는다. 어떤 상황이건 가장 좋은 쓰기 지도법은 학생의 유형과 학습하고자 하는 텍스트의 종류, 학교 시스템 등을 포함한 여러 가지 요인들에 달라 달라질 수 있고 또한 달라야 한다.

그렇다면 교실에서 학생들의 쓰기 능력을 향상시킬 의무가 있는 교사로서의 고민은 이러한 접근법들 중 어떤 것을 사용해야 보다 효과적인 지도가 될 것이냐 하는 문제일 것이다. 하지만 이는 전적으로 교사가 교사 자신과 학생, 그리고 텍스트의 장르에 따라 결정해야 할 문제이다. 예를 들어 대개 글의 형식이 고정되어 있는 편지글이나 엽서의 경우, 결과중심 접근법이 더 적절할 것이다. 왜냐하면 이런 글들은 글의 전개 방식이나 스타일, 구조, 문법 등이 정형화되어 있기 때문에 이런 특징들을 가르침으로써 학생들이 이런 종류의 글을 쓰는 데 도움을 줄 수 있기 때문이다. 하지만 다른 장르의 글들, 예를 들면 산문적인 에세이나 이야기 글 등의 경우 글의 형식보다는 학생들의 아이디어에 초점을 맞추는 과정중심 접근법이 더 적절하다고 할 수 있다. 하지만 이상의 차이점에도 불구하고 두 접근법은 결코 병행할 수 없는 것들은 아니다(Nunan, 1991). 예를 들면 과정중심 쓰기에서 사용되는 기법들- 즉 초안 다시 쓰기(re-drafting)나 협동(collaboration) 등의 기법들이 결과 중심 쓰기 - 즉 모델 텍스트를 공부하는 것과 통합될 수 있다.

앞에서 학생이나 글의 장르 외에도 학교 시스템을 포함한 다른 많은 요인들이 쓰기 지도 접근법 선택에 영향을 미친다는 사실을 언급하였다. 사실 상황에 따라서는 이런 요인들이 더 크게 영향을 미칠 수도 있다. 쓰기 능력을 제대로 기르기 위해서는 결과중심보다는 과정중심 접근법을 따라야 한다는 그동안의 주장들에도 불구하고 여전히 대부분의 쓰기 교실에서 결과중심 접근법이 많이 사용되고 있다(Zamel,

1987)는 사실은 바로 이러한 요인들의 영향을 반영하는 것이라고 볼 수 있다. 아무리 좋은 접근법으로 알려져 있다고 하더라도 그것이 특정 상황에서 적용하기 어려운 접근법이라면 그 상황에서는 더 이상 좋은 접근법이라고 할 수 없을 것이다. 유감스럽게도 현재 우리나라의 상황이 바로 여기에 해당한다고 할 수 있다.

4. 능숙한 필자의 특징

어떤 글이 잘 쓴 글인지 설명을 하는 것은 쉬운 일이 아니다. 더구나 남에게 글을 잘 쓰도록 가르치는 것은 더더욱 쉬운 일이 아니다. 하지만 우리는 어떤 글을 봤을 때 그 글이 잘 쓴 글인지 아닌지를 쉽게 판별할 수는 있다. 그렇다면 잘 쓴 글은 어떤 특징을 지니고 있는가? 이 질문에 대한 Strickland와 Snow(2002)의 답을 정리하면 다음과 같다.

① 재미있고 중요한 아이디어를 다루고 있다. 아이디어란 그 글의 핵심이며, 필자가 쓰고자 하는 것이며, 자신의 글을 통해 전달하고자 하는 정보라고 할 수 있다.

② 글의 구조가 논리적이며 효과적이다. 글의 구조화(organization)란 아이디어가 배열된 순서를 말하며 필자가 하나의 아이디어에서 다음 아이디어로 넘어가는 방식을 의미한다.

③ 어조(voice)가 개인적이고 적절하다. 어조란 독자가 글을 읽을 때 어떤 느낌을 받느냐 하는 것이다. 말하자면 격식을 차린(formal) 어조이거나 일상적인(casual) 어조일 수도 있다. 또는 친근감 있고 호감이 가는 어조이거나 조심스럽고 거리감이 느껴지는 어조일 수도 있다. 이러한 어조는 필자의 성격이 글을 통해 표현된 것이라고 할 수 있다.

④ 단어의 선택이 구체적이고 기억에 남는 것이다. 좋은 글은 정확한 단어를 정확한 데 사용한 것이라고 할 수 있다.

⑤ 자연스럽고 표현력을 갖춤으로써 문장의 숙달도가 있다. 숙달된 문장들은 이해하기도 쉽고 재미있다.

⑥ 정확하고 의사소통이 잘 되는 글의 관행을 따르고 있다. 글 쓰는 데 있어서 관행(conventions)이란 우리 모두가 동의하는 구두점, 철자, 문법 등을 사용함으로써 글의 일관성을 유지하고 읽기 쉽게 만드는 방법이다.

위의 정의와 유사하게 잘 쓴 글의 특징에 대해 Peha(2013)도 다음과 같이 정의를 내리고 있다.

• 잘 쓴 글은 목적이 뚜렷한 글이다.
• 잘 쓴 글은 뚜렷한 주장을 하고 있다.
• 잘 쓴 글은 구체적인 정보로 그 주장을 뒷받침하고 있다.
• 그 정보들은 서로 명백하게 연결되어 있고 배열되어 있다.
• 단어들이 적절하며 문장들이 간결하면서 힘이 있고 정확하다.

이상에서 잘 쓴 글의 특징에 대한 학자들의 정의를 살펴 보았다. 이를 통해 알 수 있듯이 잘 쓴 글이란 단순히 문법이나 구두점, 철자 등에 오류가 없는 정확한 글 이상을 의미하며, 독자의 흥미와 필요에 부응하는 글을 의미한다. 이러한 글은 많은 연습과 노력의 결과이다. 글을 잘 쓰는 능력은 타고난 능력이 아니며, 극히 일부의 사람들에게만 주어지는 특권도 아니고, 또한 쉽게 길러지는 능력도 아니다. 하지만 누구도 글을 쉽게 쓸 수 있는 길은 없다는 사실에 너무 낙담할 필요는 없다. 대신 누구나 하고자 한다면 쓰기 능력은 개선될 수 있으며, 규칙적인 연습으로 능숙한 필자가 될 수 있다는 점을 기억할 필요가 있다.

쓰기 기술을 연마할수록 쓰기에 대한 자신감은 커지게 되며, 그럴수록 사람들은 점점 글쓰기를 즐기게 된다. 그리고 자신이 쓴 글에 만족할수록 글 쓰는 데 대한 자신의 태도도 개선되게 된다.

그렇다면 능숙한 필자는 어떻게 글을 쓰는가? 이에 대해 Strickland와 Snow(2002)가 주장하는 바를 소개하자면 다음과 같다.

① 능숙한 필자들은 자신이 흥미를 가지고 많이 쓸 수 있는 제목을 선정한다.
② 능숙한 필자들은 쓸 내용에 대해 윤곽(시각적인 구조화, 윤곽 등)을 먼저 준비한다.
③ 능숙한 필자들은 초안을 작성하고 수정할 부분을 찾아보고, 그리고 편집을 한다.
④ 능숙한 필자들은 일상생활 속 과제들의 일부로서 글(예를 들면 저널 쓰기, 이야기 요약 등)을 쓴다.
⑤ 능숙한 필자들은 글을 쓰는 이유와 목적이 있고 특정한 독자와 주제에 초점을 맞춘다.
⑥ 능숙한 필자들은 교사나 다른 장소로부터 도움을 얻는다.
⑦ 능숙한 필자들은 다양한 장르의 글(예를 들면, 시, 소설, 저널, 전기, 레포트 등)을 쓰며 각 장르의 글이 어떻게 쓰이는가를 안다.

한편 Ruiz-Funes(1999, p. 515)는 능숙한 필자와 미숙한 필자의 주요 차이를 다음과 같이 요약하고 있다.

Skilled writers. . .
Use a recursive, non-linear approach
Are reader-centered
Review what they write
Focus on the message itself
Focus on mechanics of writing

Unskilled writers. . .
Use a linear approach
Are writer-centered
Spend little time reviewing

위에서 제시된 능숙한 필자들의 특성을 학습자들이 갖추게 하기 위해서는 무엇보다 쓰기를 통한 연습이 필요하다(Hess, 2001). 쓰기를 하지 않고 글을 잘 쓰는 방법은 없다. 따라서 교사는 학생들이 가능한 한 많은 쓰기 경험을 할 수 있도록 비록 쉬운 일은 아니지만 노력을 할 필요가 있다.

제3장 텍스트에 대한 이해

1. 텍스트의 개념
2. 텍스트의 구조
3. 텍스트의 응집력(Cohesion)과 일관성(Coherence)
4. 텍스트 장르(genre)

3 chapter 텍스트에 대한 이해

1. 텍스트의 개념

텍스트 개념에 대해서는 학자들에 따라 조금 다른 시각을 가지고 있다. 어떤 학자들은 문자언어만을 텍스트(text)라고 칭하고 음성언어는 담화(discourse)로 구분하고 있고, 또 어떤 학자들은 그 둘을 구분하지 않고 문자언어 산물이나 음성언어 산물 모두를 텍스트라고 칭한다(Trosborg, 2013).

음성언어 텍스트와 문자언어 텍스트를 분리해서 보는 학자들의 경우, 텍스트(text)는 고정된 개념(a static concept) 즉, 과정의 산물(the product of a process)을 지칭할 때 사용하였고(e.g., Halliday & Hasan, 1976; Quirk, et al., 1985), 담화(discourse)는 역동적인 생각(dynamic notion) 즉, 텍스트를 생산하고 이해하는 과정을 지칭할 때 사용하였다(e.g., Grimes, 1975; Smith, 1985). 하지만 음성언어 텍스트와 문자언어 텍스트를 구분하여 텍스트와 담화로 지칭하는 학자들조차 그 둘은 서로 다르지만 상호 보완적인 측면을 가지고 있다는 점을 인정한다. 다시 말해서 텍스트는 구조(structure)로 볼 수도 있고 또한 과정(process)으로 볼 수도 있다는 것이다(Virtanen, 1990).

음성언어 텍스트와 문자언어 텍스트를 분리해서 보지 않는 경우, 텍스트란 음성언어 텍스트일 수도 있고 문자언어 텍스트일 수도 있다고 본다. Carter와 McCarthy(2006)의 텍스트에 대한 정의가 바로 여기에 속한다. 그들은 텍스트를 가리켜 실제 상황 속에서 의미적으로나 화용적으로 일관성이 있는 음성 또는 문자 형태로 된 일련의 언어라고 정의를 내렸다.

2. 텍스트 구조

글에 있어서 텍스트 구조(text structure)란 필자가 정보를 텍스트로 체계화하는 것을 의미한다. 독자로서 글을 읽을 때 텍스트의 구조를 파악하는 것은 필자가 전달하고자 하는 주요 개념과 그 개념들 간의 관계에 주의를 집중할 수 있게 할뿐만 아니라 글을 읽어가면서 그 내용에 대해 예측을 할 수 있게 하고 또한 자신의 이해를 모니터할 수 있게 한다.

모든 텍스트들이 그 구조에 있어서 서로 어느 정도 다르다는 점은 분명하나, 필자의 의도라든가 주제, 장르에 따라 그 구조를 크게 몇 가지로 분류할 수는 있다. 읽기에서 텍스트 구조를 파악할 수 있으면 글을 효과적으로 이해할 수 있듯이 쓰기에 있어서도 텍스트 구조를 염두에 주고 글을 쓰면 보다 논리적이고 전달력 있는 글을 쓸 수 있다. 따라서 쓰기 지도를 하는 교사는 학생들이 텍스트 구조를 이해하고 자신의 글 쓰기에 활용할 수 있도록 가르칠 필요가 있다.

텍스트를 크게 소설(fiction)과 산문(non-fiction or expository text)으로 나눌 때 소설의 구조는 이야기 요소(Story elements)인 등장인물(Characters), 배경(Setting), 구성(Plot)이 포함되어야 하며, 산문의 경우에는 다섯 가지의 형식이 있는데, 즉, 어떤 것에 대해 소개하거나 설명하기 위해 기술하는 형식(Description), 시간 별로 또는 일이나 사건이 일어난 순서에 따라 나열하는 형식(Sequence-Time/Order), 문제를 제시하고 그에 관한 해결책을 제시하는 형식(Problem/Solution), 둘 또는 그 이상에 대해 서로 비교하고 대조하는 형식(Comparison/Contrast), 원인을 제시하고 그 결과에 대해 기술하는 형식(Cause/Effect)이 있는데, 각 형식 별로 그 표시어(signal word)와 구조적 도식이 다르다. 이에 관한 상세한 내용은 〈부록 B〉에 수록되어 있다.

텍스트 구조에 대한 학생들의 인식을 높이기 위해 교사는 읽기 지문으로 학생들에게 텍스트 구조를 파악하는 연습을 제공할 수 있을 것이다. 몇 가지 예를 들자면 다음과 같다.

〈예시 1〉

Tropical fish are becoming increasingly popular. Varied in color, they are decorative for homes, offices, and even store windows. The raising of such fish is recommended as a relaxing hobby for people in jobs involving much tension. Many hobbyists have made money by breeding tropical fish varieties for which there is a special demand.

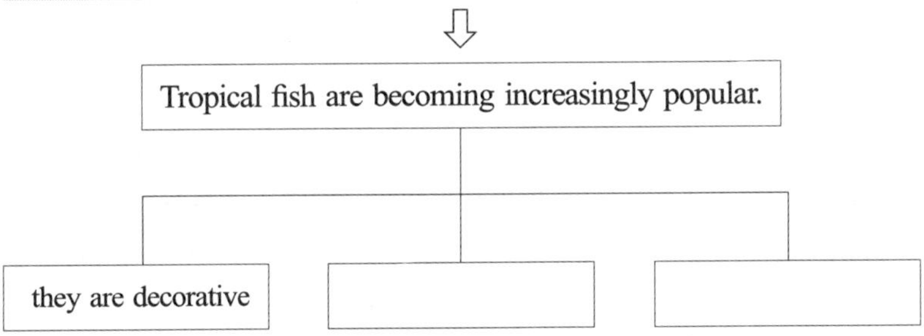

⇩

Tropical fish are becoming increasingly popular.

they are decorative		

〈예시 2〉

In a growing number of hotels and skycrapers across the nation, facades of steel have replaced the foot-thick brick and mortar walls once used. Tests show that a steel wall four inches thick has better insulating qualities than a 12-inch thickness of masonry. In addition, steel-curtain wall panels save both time and labor. And the floor space conserved by use of the thin wall as against the thick wall in a big office building can mean a couple of hundred dollars a year in rentals.

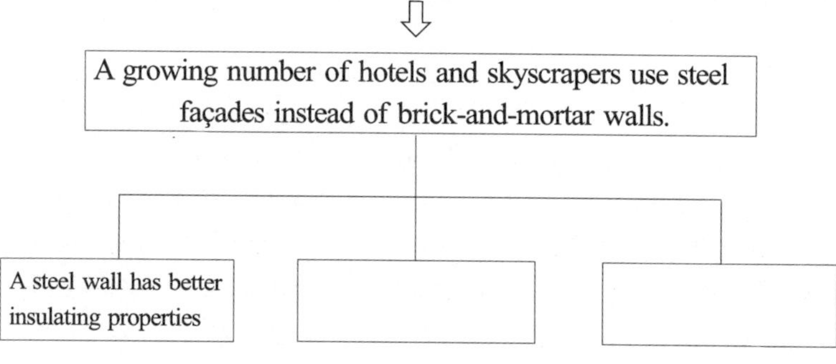

〈예시 3〉

In the past few months a number of commercial meat tenderizers have hit the market, aimed particularly at cost-conscious Mrs. Housewife. Largely responsible for making this little dream come true is Lloyd A., Hall of the Griffith Laboratories, Chicago, who has come up with a new tenderizer containing papain. Papain is an enzyme, or orange substance, obtained from papaya, the edible fruit of a tropical American tree. Manufacturers of the domestic product are compounding Griffith's basic composition with flavoring materials, and obtaining a variety of distinctive individual products.

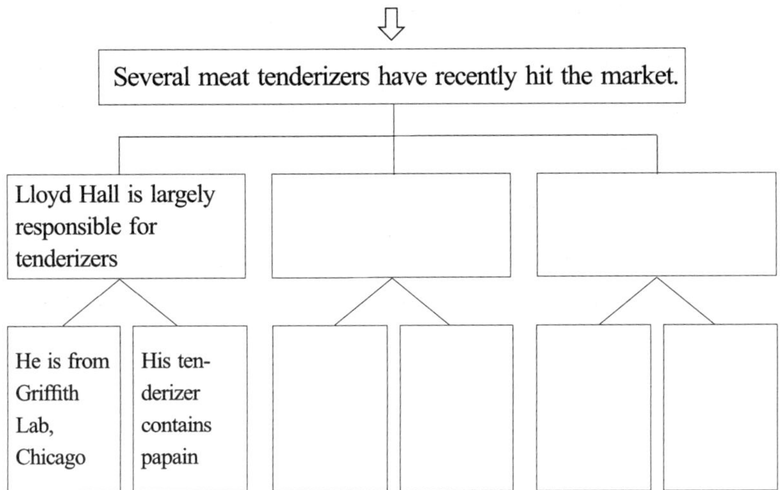

위 예시들에서 알 수 있듯이 텍스트 구조에 대한 연습은 주로 설명문체 텍스트를 가지고 하게 되는데, 이러한 연습을 통해서 학생들은 독자로서 글의 요점을 보다 명확히 파악할 수 있을 뿐만 아니라, 필자로서도 글의 구조를 염두에 두고 글을 쓸 수 있게 됨으로써 자신이 글을 통해 전달하고자 하는 메세지를 독자가 보다 쉽게 파악할 수 있게 한다. 참고로 설명문체 텍스트의 일반적인 구조를 그래픽으로 나타낸 것은 〈부록 B〉에 수록되어 있다.

3. 텍스트의 응집력(Cohesion)과 일관성(Coherence)

음성언어에서나 문자언어에서나 모두 텍스트가 청자나 독자에게 화자나 필자의 의도가 제대로 전달되고 쉽게 이해가 되게 하기 위해서는 텍스트가 응집력과 일관성을 갖추는 게 필요하다. 텍스트의 응집력이란 어휘나 문법과 같은 겉으로 드러나는 문장 간의 관련성, 다시 말해서 글의 형식에 관한 것이고, 반면에 텍스트의 일관성이란 문장과 문장 간의 해석 상 의미의 연결을 두고 하는 말이다. 다시 말해서 글의 내용에 관한 것이라고 할 수 있다. 말을 할 때 일관성 있게 말하지 못하는 사람의 말을 들으면 무슨 말을 하고자 하는지 파악하기 힘들듯이, 글도 일관성이 부족한 글은 논리 정연하지 못하여 독자가 필자의 의도를 쉽게 파악하지 못하게 된다. 이렇듯 말이나 글에서 모두 텍스트의 일관성은 청자 또는 독자가 화자 또는 필자의 의도를 파악하는데 매우 중요하다.

텍스트가 응집력을 갖추었다고 해서 반드시 일관성도 갖추었다고는 말 할 수 없다. 응집력이 일관성을 낳는 것은 아니기 때문이다. 그렇다면 글의 응집력은 어떻게 확보되는 것일까? 글을 응집력, 즉 문장과 문장 간의 연결을 위해서 사용되는 기술들에 대해 소개하자면 다음과 같다.

① 반복(Repetition) - 연속된 두 문장에서 두 번째 문장에 첫 번째 문장의 단어를 반복함으로써 앞뒤 내용을 연결한다.

② 유의어(Synonymy) - 같은 단어를 반복하는 것이 지나치게 명백해서 오히려 부정적인 생각이 들 경우에는 반복하고 싶은 단어와 같은 뜻을 지닌 다른 단어를 사용함으로써 앞뒤 내용을 연결한다.

③ 반의어(Antonymy) - 반대되는 단어 즉 반의어를 사용함으로써 글의 응집력을 확보할 수 있다. 반의어들은 우리가 생각하는 것보다 더 많은 의미 요소들을 공유하는 것으로 알려져 있다.

④ 대용어(Pro-forms) - 대명사나 대동사, 또는 다른 형태의 대용어를 사용하는 것은 앞서 언급된 것을 보다 명시적인 방법으로 지칭함으로써 앞뒤 내용이 연결됨을 보여준다.

⑤ 연어(Collocation) - 연어란 결합된 또는 함께 사용되는 말(예: take

medicine)을 의미하는데, 만약 앞 뒤 문장에 연어의 일부가 각각 포함된다면 이것도 두 문장을 연결하는 역할을 할 수 있다.

⑥ 열거(Enumeration) - 아이디어들의 연결을 나타내기 위하여 연속을 나타내는 표시를 사용하는 것을 의미하는데, 이 방법도 응집력 확보에 도움이 된다.

⑦ 병렬구조(Parallelism) - 한 문장의 구조를 그대로 반복하는 것으로, 가장 오래되고 간과되기 쉬운 기술이지만, 글의 응집력을 확보하는 데에는 가장 확실한 방법이라 할 수 있다.

⑧ 전환(Transitions) - 문장들을 특정한 논리적 관계로 연결하기 위하여 접속사(conjunction)나 접속부사(conjunctive adverb)를 사용함으로써 앞뒤의 내용을 연결할 수 있다.

⑨ 일치(Identity) - 예를 들면 'that is,' 'that is to say', 'in other words' 등과 같이 서로 같음을 나타내는 말로서, 자연히 앞뒤의 내용들이 연결된다는 것을 보여준다.

⑩ 반대(Opposition) - 예를 들면 'but', 'yet', 'however', 'nevertheless', 'still', 'though', 'although', 'whereas', 'in contrast', 'rather' 등과 같이 서로 대조가 됨을 나타냄으로써 앞뒤의 내용을 연결할 수 있다.

⑪ 부언(Addition) 설명 - 예를 들면 'and', 'too', 'also', 'furthermore', 'moreover', 'in addition', 'besides', 'in the same way', 'again', 'another', 'similarly', 'a similar', 'the same' 등과 같이 앞의 내용이 계속됨을 나타냄으로써 응집력을 확보할 수 있다.

⑫ 인과 관계(Cause and effect) - 예를 들면 'therefore', 'so', 'consequently', 'as a consequence', 'thus', 'as a result', 'hence', 'it follows that', 'because', 'since', 'for' 등과 같이 원인과 그에 따른 결과와의 관계를 나타냄으로써 내용을 연결할 수 있다.

⑬ 불확정어(Indefinites) - 예를 들면 'in fact', 'indeed', 'now'등과 같은 표현을 사용함으로써 명시되지 않은 유형의 논리적 연관성을

나타낼 수 있다.

⑭ 승인(Concession) - 다른 쪽도 기꺼이 고려할 의사가 있음을 나타내는데, 그 예로 'admittedly', 'I admit', 'true', 'of course', 'naturally', 'some believe', 'it has been claimed that', 'there are those who would say' 등과 같은 것들이 쓰인다. 이들 역시 내용의 관련성을 나타낸다.

⑮ 예시(Exemplification) - 보다 일반적이고 추상적인 것으로부터 보다 특수하고 구체적인 아이디어로 전환하는 것을 나타낸다. 그 예로는 'for example', 'for instance', 'specifically', 'to be specific', 'to illustrate', 'truly' 등등이 있는데, 앞의 내용에 대해 보다 상세한 설명을 덧붙이거나 예를 제시하는 것이기 때문에 당연히 앞의 내용과의 연관성을 나타내 준다.

이상에서 글의 응집력을 확보하기 위한 기술들을 소개하였다. 쓰기 지도 교사는 학생들이 글을 쓸 때 이러한 기술들을 적절히 활용함으로써 보다 응집력 있는 글을 생산할 수 있도록 연습의 기회를 제공해야 할 것이다.

4. 텍스트 장르(genre)

문자언어나 음성언어나 모두 그 목적에 따라서 다양한 텍스트 유형 즉 장르(genre)가 있다. 텍스트 장르란 문자언어나 음성언어의 담화구조를 가리킨다. 하지만 장르에 대한 논의와 설명은 대부분 음성언어보다는 문자언어에서 이루어지고 있는 것이 사실이다. 문자언어를 두고 장르를 얘기할 때 모든 텍스트가 같은 형태가 아니라는 것은 익히 아는 일이다. Biber(1988)은 텍스트 장르를 가리켜 형태보다는 언어 사용자의 목적과 주제에 관련된 외부적인 판단기준(external criteria)에 따라 결정되는 것이라고 하였다. 한편 Lee(2001)는 장르를 가리켜 이론적으로나 교육적으로 가장 유용하고 실용적인 텍스트 분류 방법이라고 하였다.

텍스트에는 소설, 시, 희곡, 에세이, 신문 기사, 광고문, 편지글, 안내문 등, 많은 종류가 있으나 이들을 장르 별로 나누면 크게 다섯 가지로 나눌 수 있다. 이 장르들은 각각 필자의 의도가 다르다(Cohen, 1990). 아래 표는 각 장르별 필자의 의도를 나타낸다.

텍스트 장르	필자의 의도
이야기 형식의 글 (Narrative)	사건의 전개에 대해 이야기 함.
절차적인 글 (Procedural)	어떤 일을 하는 방법에 대해 가르치고자 함.
설명적인 글 (Expository)	무언가에 대해 설명하고자 함.
권유형 글 (Hortatory)	누군가에게 어떤 일을 하도록 권유하고자 함.
기술적인 글 (Descriptive)	어떤 것의 특성에 대해 기술하고자 함.

장르는 글을 쓰는 목적에 따라서 다르다. 텍스트 장르가 다르면 쓰기에 사용되는 관습도 다르고 언어적인 특성도 다르다(Biber, 1989). 따라서 언어 학습자들은 목적에 따라서 다르게 글을 쓰는 법을 배워야 한다. 쓰기 능력은 쓰기 연습을 통해서 길러진다고 하지만 그렇다고 단순히 많이 쓰게 한다고 해서 충분한 연습이 제공되는 것은 아니다(Reppen, 2002). 쓰기 지도 교사는 학습자들이 다양한 장르의 글에 익숙해질 수 있도록 다양한 장르의 글로 쓰기 연습을 시키는 게 필요하다.

제4장 쓰기 지도에 대한 이해

1. 쓰기 지도의 원칙
2. 쓰기 지도 접근법
3. 통제 작문 지도 기술
4. 어휘 및 문법 지도
5. 언어기술의 통합지도

4 chapter 쓰기 지도에 대한 이해

1. 쓰기 지도의 원칙

우선 쓰기 지도를 논하기에 앞서 기억할 것은 상황에 관계없이 사용할 수 있는 최상의 쓰기 지도 방법이란 존재하지 않으며, 상황에 따라 적용할 수 있는 다양한 쓰기 지도 방법이 있을 뿐이라는 점이다. 하지만 다른 언어 기술을 지도할 때와 마찬가지로 쓰기 지도에도 고려해야 할 사항들이 있다. 우선 무엇을 어떻게 지도해야 할 것인가에 대해 생각해봐야 할 것이고, 또한 지도 후에 결과 처리는 어떻게 해야 할 것인가에 대해서도 생각해 봐야 할 것이다. Byrne(1988)은 쓰기 지도 시 구체적으로 고려해야 할 사항을 다음과 같이 기술하고 있다.

첫째, 학습 활동을 어떻게 제시해야 할 것인가를 고려해야 한다.
둘째, 쓰기 활동을 하기 전 구두로 준비 작업이 필요하다.
셋째, 쓰기 과제를 구체적으로 어떻게 진행할 것인가에 대해 결정해야 한다.
넷째, 오류 수정은 어떻게 할 것인가에 생각해야 한다.

그렇다면 쓰기 지도 시 학생들에게 어떤 글을 쓰게 할 것인가? 이 질문에 대한 답은 다음과 같다. 즉, 학생들에게 어떤 종류의 텍스트에 대해 쓰게 할 것인가에 대해서는 사실상 한계가 없다(Harmer, 1998). 하지만 학생들의 언어 수준이나, 흥미, 그리고 유용성 등에 따라 쓰기 지도 방법과 자료는 달라져야 할 것이다. 그동안 학자들이 제시한 쓰기 지도 원칙을 요약하자면 다음과 같다.

첫째, 학생들이 쓰기 활동을 제대로 할 수 있도록 언어적인 준비를 시켜야 한다. 이를 위해서는 필요한 단어, 문법 등을 명시적으로 가르칠 필요도 있다. 또한 학습자들이 참고로 할 수 있는 모델 텍스트를 제공하여 어려움을 덜어줄 필요도 있다.

둘째, 학습자에게 의미 있는 쓰기 활동이 되어야 한다. 이를 위해서는 학습자 흥미와 개인의 일상생활 속 경험을 중심으로 한 쓰기 활동이 되도록 노력해야 한다. 교사가 제시한 것을 그대로 따라하는 것은 아주 초보적인 단계에서는 필요하겠지만 가능하면 학습자에게 자유를 주는 것이 필요하다. 처음부터 자유 작문을 시키라는 뜻이 아니라 통제 작문 속에서도 학습자에게 최대한의 자유를 주어 본인이 선택하게 하는 것이 필요하다. 그리하여 가능한 한 자신이 쓰고 싶은 것을 쓸 수 있도록 기회를 주어야 한다.

셋째, 학습자 수준에 맞는 쓰기 지도법을 동원해야 하여 단계별로 나아가야 한다. 초보자의 경우 처음에는 단어조차 제대로 쓰지 못한다. 이 단계에서는 교사가 제공하는 것을 거의 베끼는 수준에서 시작해야 할 수밖에 없다. 그리하여 언어능력이 나아질수록 차츰 학습자의 재량에 맡기는 방법으로 나아가야 한다. 학교 교실에서의 작문은 대부분 통제 작문에 속한다. 하지만 통제 작문에도 쓰기 활동에 따라 난이도가 많이 다를 수 있다. 따라서 낮은 난이도부터 시작하여 높은 난이도로 나아가야 한다.

넷째, 다양한 장르의 글을 접하고 쓸 수 있는 기회를 제공하여 학생들이 그것들에 익숙해질 수 있도록 해야 한다. 그리고 가능하면 실제 자료(authentic material)를 많이 사용하여 교실에서의 쓰기 활동이 유용성 면에서도 학생들의 인정을 받을 수 있도록 해야 한다. 이는 학습 동기를 높일 수 있는 또 하나의 교수 전략이다.

다섯째, 피드백은 학습자의 쓰기 능력을 개선할 수 있는 것이어야 한다. 교사의 피드백이 단순히 점수만을 부여하는 것이어서는 안 되며, 또한 학생들도 지나치게 점수에 신경 쓰지 않게 해야 한다. 대신에 학생들로 하여금 자신이 쓴 글에 대해 성찰하게 하고 교사에게 자유롭게 질문할 수 있는 분위기를 만들어 주어야 한다.

이상에서 쓰기 지도의 원칙에 대해 간단하게 기술하였다. 무릇 다른 분야의 언어 지도에서도 마찬가지이듯이 쓰기 지도에도 일련의 원칙이 있어야 한다. 그리고 이러한 쓰기 지도의 원칙은 보다 광범위한 언어 지도의 원칙에도 어긋나지 않아야 할 것이다.

2. 쓰기 지도 접근법

쓰기는 말하기와 달리 자연스럽게 습득되는 기술이 아니다. 이는 문자 없이도 문제 없이 살아가는 인간 사회가 존재한다는 사실만 봐도 짐작할 수 있다. 문자를 통한 읽기와 쓰기 능력은 가르쳐야 하고 배워야 하며, 연습을 통해 터득하여야 한다(Hess, 2001). 외국어 교사가 쓰기 지도를 위해 실제 사용하는 접근법은 다양한 교수 상황만큼이나 다양하게 있을 수 있다. 하지만 일반적으로 외국어 교실에서의 쓰기 지도를 위한 접근법으로는 일반적으로 다음과 같은 것들이 소개되고 있다.

1) 통제-자유 작문 접근법(Controlled-to-Free Approach)

통제 작문에서 시작하여 점차 자유 작문으로 순차적으로 나아가는 접근법을 의미하는데, 이 접근법에서는 주로 세 가지 특징을 강조한다. 즉, 문법(grammar), 통사(syntax), 그리고 기계적인 부분들(mechanics)이 그것들이다. 이 접근법에서는 글의 유창성(fluency)이나 창의성(creativity)보다는 정확성(accuracy)을 강조한다.

2) 자유 작문 접근법(The Free-Writing Approach)

이 접근법에서는 글의 질적인 면(quality)보다는 양적인 면(quantity)을 강조한다. 그만큼 종이 위에 자신의 아이디어들을 쏟아내 놓을 수 있어야 한다는 것을 강조한다. 그리하여 일단 아이디어들이 종이 위에 있으면 문법적인 정확성이나 글의 구조, 그리고 다른 문제들은 점진적으로 향상되게 된다는 것이다.

3) 단락-문형 접근법(The Paragraph-Pattern Approach)

이 접근법에서는 글의 구조를 강조한다. 서로 다른 문화권 사람들은 의사 전달을 하기 위해 자신의 생각을 구성하고 구조화하는 방법에 있어 서로 다르다는 데 바탕을 둔 접근법이다. 따라서 특정 언어로 글을 잘 쓸 수 있기 위해서는 그 언어권의 사람들이 글을 어떻게 전개하고 구조화하는지에 대한 지식이 필요할 것이다.

4) 문법-통사-구조 접근법(The Grammar-Syntax-Organization Approach)

이 접근법에서는 문법과 통사뿐만 아니라 글의 구조까지도 강조한다. 학생들은 자신이 쓰고자 하는 것과 써야하는 것 사이의 연관관계를 잘 인식해야 한다. 여기서 문법(grammar)이란 언어와 문장의 구조(sentence structure)에 대한 일련의 규칙을 말한다. 이는 언어의 형태(morphology)와 통사(syntax) 둘 모두를 포함하는 것이라고 할 수 있다. 언어의 형태란 단어가 어떻게 구성되며 변하는 것인가 등에 관한 것이며, 반면에 통사란 한 문장(sentence) 속의 단어들 간의 관계와 그 배열에 관한 것이다.

5) 의사소통적 접근법(The Communicative Approach)

이는 글을 쓰는 과정과 그 글을 읽을 독자를 중시하는 접근법이다. 글을 쓰는 학생들에게 실생활에서의 필자처럼 글을 쓰게 하고, 두 가지 중요한 질문을 스스로에게 던지게 한다. 즉, 나는 왜 이 글을 쓰는 것이며, 누가 이글을 읽을 것인가 라는 질문이다.

6) 과정중심 접근법(The Process Approach)

이 접근법은 글을 쓴 결과(product)보다는 글을 쓰는 과정(process)을 중시한다. 교사는 학생들에게 두 가지 중요한 것을 제공해야 하는데, 하나는 시간(time)이고 또 하나는 피드백(feedback)이다. 전자는 학생들로 하여금 자신의 아이디어를 생각해내게 하기 위해 필요하며, 후자는 교사가 학생이 쓴 초안들의 내용에 대해 제공하는 것으로, 글의 질을 높이기 위해서는 한 번에 그치는 것이 아니라 여러 번의 피드백이 필요한 경우가 대부분이다.

이상에서 쓰기 지도에 대한 여러 가지 접근법에 대해 간단히 소개하였다. 하지만 이러한 접근법들은 독립적으로 존재하는 것이 아니라 서로 중복되는 경우가 많다. 따라서 교사로서는 학생들에게 쓰기 지도를 할 때 이러한 접근법 중 어느 한 가지만 고집할 필요가 없다. 필요에 따라서 교사는 이러한 접근법들 중 어느 것이라도 활용할 수 있으며 또한 활용해야 한다. 그리하여 지도의 효과를 극대화할 수 있어야 한다.

3. 통제 작문 지도 기술

학습자들 대부분이 아직 자유 작문을 할 수 있는 능력이 되지 못하는 경우에는 통제 작문 지도를 하는 것이 필요하다. 따라서 현재 우리나라 학교 영어 교실에서의 쓰기 지도는 대부분 통제 작문 지도에 해당한다고 할 수 있다. 통제 작문(controlled writing)이란 학생들이 써야 할 글의 내용(content)과 형식(form)의 많은 부분을 교사가 제공하는 것을 말한다. 가장 초보적인 단계에서는 거의 베껴 쓰는 것(copying)부터 시작해야 한다(Porte, 1995). 이러한 통제 작문은 학생 스스로 아이디어를 내고 자신의 문장으로 그 아이디어를 표현하고 구조화하는 자유 작문(free writing)과는 대조되는 개념이다.

통제 작문에서는 많은 것이 교사에 의해 학생들에게 제공되는데, 예를 들면, 학생들이 완성해야 할 어떤 글의 윤곽이나 지시에 따라 조작해야 할 문단, 또는 따라해야 할 모델을 제공한다든지, 또는 지문(passage)의 일부를 제공하고 학생으로 하여금 글을 계속 써서 완성하게 한다든지, 등이다. 이러한 통제 작문은 단순히 학생들이 자유 작문을 할 수 있을 정도의 쓰기 능력을 기를 때까지 사용되는 그런 초보자를 위한 교수 방법이 아니라, 작문을 지도하는 모든 수준에서 두루 사용할 수 있는 유용한 도구라고 할 수 있다. 우리나라 학교 교육의 경우 대부분은 통제 작문 지도를 해야 하는 상황이다. 따라서 통제 작문에 사용되는 교수 기술에는 어떤 것들이 있는지 살펴보는 것도 의의가 있을 것이다.

통제 작문에는 대략 다음 다섯 가지 유형이 있는데, 교사들은 이런 유형들 중에서 어떤 학습 활동에 어떤 유형을 적용해야 학습 효과를 극대화 할 수 있을지에 대해 현명한 판단을 할 수 있어야 할 것이다.

1) 통제 작문(Controlled Composition)

교사는 학생들에게 작업해야 할 지문(passage)을 하나 제공한다. 그러면 학생들은 주로 문법적이거나 구조적인 면에서 특정 부분들을 바꾸면서 그 지문을 다시 쓴다. 이러한 통제 작문은 문자언어의 특정한 부분에 학생들의 주의를 집중시키는 데 초점을 맞춘다. 따라서 이 방법은 상황 속에서 문법이나 어휘, 통사에 대한 지식을 강화하는 데 좋다.

2) 질문과 답(Question and Answer)

교사는 문장들(sentences)을 구조화하는 데 있어서 위의 통제 작문보다는 학생들에게 좀 더 자유를 준다. 이 방법에서는 교사가 학생들에게 직접 지문을 주는 것이 아니라 일련의 질문들을 던짐으로써 학생들이 그 질문에 답을 하면 텍스트가 만들어지도록 하는 방법이다. 따라서 학생들이 일관성 있는 텍스트를 만들게 하기 위해서는 교사가 잘 구조화된 질문을 던지는 것이 매우 중요하다.

3) 유도 작문(Guided Composition)

유도 작문은 통제 작문의 확장된 형태라고 볼 수 있다. 유도 작문에서는 학생들이 작문에 사용할 지문의 전부가 아니라 일부만을 제공한다. 그리하여 학생들 스스로 작문을 완성하게 하는데, 그 결과 학생들 개인이 만들어낸 글은 서로 비슷하긴 하지만 똑같지는 않다.

4) 문장 연결(Sentence Combining)

문장 연결에서는 기본 또는 축이 되는 문장들을 제공하고 학생들로 하여금 이 문장들을 연결하여 하나의 길고 복잡한 문장으로 바꾸게 하는 방법이다. 이 방법을 통해서 학생들은 음성언어에서보다 문자언어에서 더 흔한 통사 구조에 대한 연습을 많이 할 수 있다. 즉, 음성언어에서는 주로 복문이 아닌 단문이 많이 사용되기 때문에 문장 연결을 하는 연습이 그다지 필요치 않지만 문자언어에서는 복문이 많이 사용되기 때문에 교사는 이러한 연습을 통해 학생들이 문자언어에 더 익숙해질 수 있게 할 수 있다. 이 방법은 이미 우리나라 영어 교실에서도 많이 사용되어 온 것으로, 예를 들면 두 문장을 접속사나 관계사로 연결하여 하나의 문장으로 만드는 연습이 이에 해당한다.

5) 병행 쓰기(Parallel Writing)

병행 쓰기는 통제작문 중에서 학생들에게 가장 자유가 많이 주어지는 작문 형식이다. 학생들은 교사가 제공하는 특정한 텍스트의 일부를 주어진 윤곽이나 문장들에 따라 바꾸는 방식이 아니라, 교사가 제공하는 텍스트를 읽고 공부한 뒤 비슷한 주제로 자신의 글을 쓰게 된다. 이 때 학생들은 교사가 제공한 그 모델 텍스트에서 사용된 어휘나, 문장 구조, 글의 응집력을 위해 사용된 여러 가지 장치(devices), 글의 구조 등을 참고로 하여 자신의 글을 쓰게 된다.

이상에서 통제 작문 기술의 다섯 가지 유형들을 살펴보았다. 교사들은 이상의 유형들 중에서 어떤 학습 활동에 어 떤 유형을 적용해야 학습 효과를 극대화 할 수 있을지에 대해 현명한 판단을 할 수 있어야 할 것이다.

4. 어휘 및 문법 지도

어휘의 사이즈와 작문의 질적인 면과의 관계에 깊은 상관관계가 있으며, 어휘력 부족은 쓰기에 있어서 자기 표현의 가능성을 줄인다는 사실은 이미 잘 알려져 있다(Lee, 2003; Schoonen et al., 2003). 광범위한 어휘 능력은 글의 흐름을 자연스럽게 해주고 글의 응집력을 높여줄 뿐 아니라 글을 연속성도 높여주는 역할을 한다(Brown, Solovieva, & Eggett, 2011). 따라서 어휘 지도는 학생들의 쓰기 능력 향상을 위해서 필수적이라고 하겠다. 하지만 어느 한 가지 어휘 지도 전략만으로 학생들이 어휘에 대한 모든 것을 다 배우도록 도울 수는 없기 때문에 체계적인 어휘 지도가 요구된다(Lee, 2003).

어휘를 안다는 것은 일반적으로 의미를 안다는 뜻이다. 하지만 보다 완벽한 어휘 지식은 의미만을 말하는 것이 아니라 통사적인 정보(syntactic information)까지도 아는 것을 포함한다(Gass, 1999). 다시 말하자면 통사적인 지식과 어휘적인 지식은 서로 분리된 것이 아니라는 뜻이다.

광범위한 어휘 능력과 마찬가지로 정확한 문법을 사용하는 능력 또한 어떤 종류의 작문에 있어서든 중요한 역할을 한다(Brown, Solovieva, & Eggett, 2011; Manley & Calk, 1997). 문법 능력은 의사소통 능력의 한 구성 요소로서 의사소통 능력의 구성 요소에 대해 학자들이 제시하는 모델에는 언제나 빠지지 않고 등장한다. 의사소통에서 이렇게 중요시 되는 문법의 중요성에 대해 Celce-Murcia(1991, p. 462)는 다음과 같이 기술하였다.

> *A grammarless approach can lead to the development of a broken, ungrammatical, pidginized form of the target language beyond which students rarely progress.*

그러면 문법이란 무엇이며, 쓰기 지도에서 문법은 어떻게 다루어야 하는가? 간단히 말해서 문법이란 한 언어의 소리, 구조, 및 의미 체계를 일컫는다. 어휘 능력과 마찬가지로 이 문법 능력도 쓰기에 중요한 영향을 미치는 것으로 알려져 있다(Manley & Calk,1997). 모든 언어는 각각 나름의 문법 체계를 갖고 있다. 사람들은 자신의 모국어 문법 체계 즉, 의미를 만드는 규칙에 대해 직관적인 지식(intuitive knowledge)을 갖고 있다. 같은 언어를 구사하는 사람들은 이러한 규칙을 알고 있기 때문에 서로 의사소통이 가능한 것이다. 여기서 직관적으로 안다는 것은 명시적 지식(explicit knowledge)이 아니라 묵시적 또는 암시적 지식(implicit knowledge)을 가지고 있다는 뜻이다. 말하자면 원어민들이 자신의 모국어에 대해서 명시적으로 문법적인 설명은 하지 못하더라도 문법적으로 옳은 표현인지 틀린 표현인지, 즉 사용할 수 있는 표현인지 아닌지는 바로 아는데 바로 이러한 지식을 말하는 것이다. 외국어로서 영어를 배우는 많은 학습자들의 경우 영어 문장에 대한 문법적인 설명은 잘 하면서 실제 언어를 사용하는 상황에 부딪혔을 때 제대로 표현이 안 되는 것은 바로 이러한 명시적인 지식만 가지고 있고 언어가 완전히 습득이 안 된 상태이기 때문이다.

학습자들이 영어 말하기를 잘 하는 경우라고 하더라도 효과적으로 글을 쓰기 위해서는 교사의 지도가 필요하다. 음성언어에서의 문법적인 개념에 대한 지식을 문자언어에서의 그것으로 바꾸는 법을 배워야 한다. 효과적인 글쓰기란 단순히 말을 종이 위에 글자로 옮겨놓은 것 하고는 다르기 때문이다.

학생들이 글을 쓰는 데 있어서 문법을 제대로 다루는 것을 돕는 가장 효과적인 방법은 학생 자신이 쓴 글을 바탕으로 문법 개념을 다루는 것이라고 알려져 있다. 즉, 글쓰기를 통해서 구두점이나 문장의 다양성 그리고 용법 등을 가르치는 것이 그것들을 각각 분리된 기술로서 가르치는 것보다 더 효과적이라고 한다. 따라서 교사는 학생들이 글을 수정하고 편집할 때 자신이 쓴 문장의 구조나 용법에 있어서의 문제점을 인지하고 개선할 수 있도록 돕기 위해 문법 지도를 하는 것이 좋다. 쓰기란 많은 학생들에게 복잡하고 도전적인 활동이기 때문에 교사는 분명한 의미 전달을 위해서 필요한 주요 문법에 지도의 초점을 맞출 필요가 있다. 의미 전달에는 크게 영향을 미치지 않는 아주 사소한 문법까지 다룬다면 학생들은 쓰기에 너무 부담을 갖게 될 것이고 따라서 포기하기도 쉽다. 간단히 말하자면 문법 지도는 수정, 편집, 교정을 통한 쓰기 과정에서 자연스럽게 통합될 필요가 있다. 이러한 통합적 문법지도는 학생들로 하여금 배운 것을 글 쓰는 데 바로 적용하게 함으로써 문법과 쓰기와의 관련성을 인식하도록 할 수 있다.

5. 언어 기술의 통합 지도

언어 기술을 통합한다는 것은 듣고 말하고 읽고 쓰는 것을 서로 연결하여 함께 가르치는 것을 의미한다. 우리의 일상생활을 둘러보면 사람들은 언어의 어떤 한 기술만을 다른 기술과 분리하여 따로 사용하는 경우는 극히 드물다(Brown, 1994; Davies & Pearse, 2000; Harmer, 1991). 따라서 교실에서의 교사의 역할도 실제 생활 속에서 언어가 사용되는 방법과 같이 - 즉, 상호작용을 하면서 언어기술들을 통합하여 사용하도록 - 학생들이 학습활동을 하도록 해주는 것이 되어야 할 것이다.

언어 기술의 통합 지도는 학습자들로 하여금 배운 내용을 내재화하는 데 도움이 된다. 왜냐하면 같은 어휘나 구문을 서로 다른 형태의 언어 기술로 반복해서 학습하는 효과가 있기 때문이다. 여기서 언어 기술의 통합이라 함은 반드시 언어의 네 가지 기술을 모두 통합하여 가르쳐야 한다는 뜻은 아니다. 경우에 따라 네 가지 기술 중 어느 두 가지 또는 세 가지 기술만 통합할 수도 있다. 가령 듣기와 말하기의 통합이나 읽기와 쓰기의 통합, 또는 읽고 듣고 말하기의 통합이 될 수도 있다.

언어 기술을 통합적으로 가르치는 교실에서는 우선 학생들도 훨씬 덜 지겹다. 왜냐하면 그만큼 더 다양한 학습활동이 동원된다는 뜻이기 때문이다. 가령 듣고 말하기를 연습하기 위한 학습 자료라고 할지라도 그것을 읽고 쓰는 활동과 연결한다면 학습자들은 목표 구문을 보다 다양한 방법으로 경험하는 것이므로 이를 내재화하는 데에도 도움이 된다. 하지만 이러한 언어 기술의 통합 지도를 위해서는 학습 자료를 다양한 용도로 학생 수준에 맞게 바꾸는(adapt) 기술이 필요할 것이다.

의사소통을 기르는 것이 교육 목표인 교실에서의 숙달된 교사는 언어의 네 가지 기술을 결코 독립적으로 가르치지 않는다. 예를 들어 읽기를 가르치는 교실에서도 듣고 말하고 쓰기는 얼마든지 사용될 수 있다. 통합 지도의 당위성에 대해 Brown(1994)은 언어의 네 가지 기술의 통합이 의사소통 능력을 기르고자 하는 교실에서 가능한 유일한 교수 방법이라고 주장한 바 있다. 다시 말해서 상호작용을 강조하는 교수 기술에서 언어 기술의 통합은 불가피하다고 할 수 있다. 문자언어나 음성언어는 서로 관련되어 있으므로 그 관련성을 무시하는 것은 언어의 풍부함을 무시하는 것이나 다를 바 없다. 종종 한 가지 언어 기술은 다른 언어 기술을 강화시킨다고 알려져 있다. 예를 들어 우리는 들음으로써 말하는 것을 배우게 되고, 읽음으로써 쓰는 것을 배우게 된다. 간단히 말해서 언어 기술의 통합 지도는 의사소통중심 수업에서는 극히 자연스런 일이라고 할 수 있다.

제5장 쓰기 과제 및 평가

1. 쓰기 과제
2. 교사 피드백
3. 쓰기 평가

5 chapter 쓰기 과제 및 평가

1. 쓰기 과제

학생들이 학교에서 아무리 많이 배운다고 하더라도 아직 더 배워야 할 것이 있게 마련이다. 언어의 네 가지 기술 중에서 특히 쓰기는 교실에서 모든 것을 다 하기에는 턱 없이 시간이 부족하여 숙제를 내어 학생들이 집에서 하게 하는 경우가 많다. 숙제는 학생들의 자율성(autonomy)을 기르는 데에도 도움이 되므로 잘 활용할 필요가 있다(Harmer, 2001; Macaro, 1997; Painter, 2003).

그렇다면 쓰기 과제가 학생들의 쓰기 능력 향상에 도움이 되게 하기 위하여 교사는 어떤 과제를 숙제로 낼 것인가, 어떤 유형의 과제를 낼 것인가, 완성된 과제에 대한 평가는 어떻게 할 것인가, 등의 질문에 대해 신중하게 생각을 해야 한다. 그렇지 않을 경우 숙제가 단순히 학생들의 귀중한 시간만 뺏는 원하지 않는 결과를 초래할 수 있기 때문이다(Kim, 2008).

효과적인 쓰기 과제를 디자인 하는 데 필요한 가장 중요한 필수 사항은 일관성 있고 서로 연결된 쓰기 전(pre-writing) 활동, 쓰기 중(during-writing) 활동, 그리고 쓰기 후(post-writing) 활동으로 구성된 일련의 쓰기 활동 세트(activity set)를 생각해야 한다. 왜냐하면 서로 연결된 활동들은 학생들이 쓰기 과제를 성공적으로 완성할 수 있게 도와 줄뿐만 아니라, 쓰기 과정을 촉진하는 데에도 도움이 되기 때문이다.

쓰기 활동 세트의 시작이라고 할 수 있는 쓰기 전 활동들(pre-writing activities)은 학습자로 하여금 최종 쓰기 과제를 준비하게 하고, 쓰기 과제의 주요 핵심 부분을 완성할 수 있도록 준비시키는 데 필요한 부속 기술들을 복습하거나 새로 터득하게 하는 역할을 한다. 이 활동들은 주로 독자와 내용과 과제에 필요한 어휘에 초점을 맞춘다. 이 활동들은 주로 단어나 구(phrase) 수준의 활동들이다. 쓰기 중 활동들(during-writing activities)은 학습자로 하여금 반복적인 쓰기(recursive writing)와, 자기 교정(self-editing), 그리고 수정(revision)을 하게 한다. 학생들이 교사의 도움으로 쓰기와 다시 쓰기를 해나가는 동안에 교사는 문법과 같은 다른 부분에 대한 도움도 주어야 한다. 쓰기 후 활동들(post-writing activities)은 학습자로 하여금 성찰을 하고 독자 - 즉 또래 학생들이나 교사 -로부터의 피드백을 바탕으로 글을 수정하는 데 도움이 된다.

언어 지도의 다른 부분과 마찬가지로 쓰기 지도에 있어서도 학생들에게 어떤 과제를 부여할 것인가 하는 것은 학습자의 나이, 흥미, 목표 언어 능력에 달려있다(Harmer, 1998). 예를 들어 아직 언어 능력이 많이 부족한 초보 학습자들에게 어려운 어휘나 복잡한 문장이 요구되는 쓰기 과제는 적절하지 않다. 대신 그 수준의 학습자들에게는 모방과 따라하기부터 시작해야 할 것이다. 다시 말해서 쓰기 능력 개발을 위해 부여할 과제는 현재 학습자가 가진 언어 능력과 이 언어 능력으로 할 수 있는 것이 어느 정도인가를 감안해서 선택해야 한다.

일반적으로 쓰기 과제의 선택은 크게 두 가지 요인에 바탕을 두고 이루어지는 경우가 많다. 첫째는 필요에 바탕을 둔 선택이다. 즉, 학생들이 일상생활 속에서 필요로 하는 여러 가지 쓰기 과제들 중에서 고르는 것으로, 예를 들면 엽서나 편지를 쓰다든가, 직업을 구하는 구직 신청서를 작성한다든가, 보고서를 쓴다든가, 신문이나 잡지의 기사를 쓴다든가, 광고문을 만드는 것 등의 쓰기 과제를 주는 경우가 이에 해당 된다. 과제 선택에 영향을 미치는 또 하나의 요인은 학습자들의 경험과 흥미이다. 자신들이 경험한 것이나 흥미로워 하는 것에 대해서 글을 쓰면 훨씬 수월하다. 따라서 쓰기 지도를 하는 교사는 자신이 가르치는 학생들의 경험과 흥미를 잘 파악하는 게 중요할 것이다.

쓰기를 위한 과제의 종류에는 한계가 없다(Harmer, 1998). 우리의 생활 자체가 수행해야 할 과제의 연속이다. 따라서 쓰기 지도를 위한 과제 선택은 그러한 무수히 많은 과제들 중에서 선택을 하면 된다. 다만 기억해야 할 것은 학생들의 언어 능력과 경험, 흥미에 맞는 과제를 선택함으로써 학생들에게 의미 있는 쓰기 활동이 되도록 해야 한다는 것이며, 또한 학생들의 쓰기 능력 향상을 바란다면 쓰기 과제는 현재 학생이 가진 쓰기 능력 너머로 나아갈 수 있도록 디자인 되어야 한다는 것이다(Nation, 2009).

2. 교사 피드백

피드백이란 과정중심 쓰기의 중요한 요소로서 필자가 자신의 글을 수정할 수 있도록 독자가 주는 정보의 입력(input)이라고 할 수 있다(Keh, 1990). 외국어 교실에서는 이 피드백을 동료 학생들이나 교사가 제공하게 되는데, 학생들의 목표 언어 능력이 낮은 경우 결국 교사의 피드백이 주를 이룰 수 밖에 없다.

외국어 교실에서 쓰기 지도가 잘 안 되는 큰 이유 중의 하나는 교사 피드백에 시간이 많이 걸리기 때문이다(Cohen, 1990; Keh, 1990). 하지만 피드백이 없는 쓰기 지도는 제대로 된 쓰기 지도라고 할 수 없다.

특히 요즘 같이 과정중심 쓰기가 강조되고 있는 경우에는 더욱 더 그렇다. 과정중심 쓰기에서는 결과물보다는 과정이 중시되기 때문에 교사는 학생 개개인의 쓰기 과정에서 여러 번의 피드백을 주어야 하고 이는 시간이 많이 걸리는 일이기 때문에 어려움이 있다. 따라서 어떻게 피드백을 주어야 시간을 절약할 수 있을 지 교사로서는 고민이 아닐 수 없다.

교사가 학생들의 글에 대한 피드백을 주는 방법이나, 피드백 내용 등은 교육 목표나 학습자의 수준, 교수 환경 등에 따라 달라질 수밖에 없다. 피드백을 주는 방법에는 전체 학생을 대상으로 할 수도 있고 개별 학생을 대상으로 할 수도 있다. 또한 교사가 직접 피드백을 줄 수도 있지만 학생들을 이용한 동료 피드백(peer feedback)도 가능하다. 교사가 직접 피드백을 주는 경우도 문자를 통해 할 수도 있고 면담을 통해 할 수도 있다. 피드백의 내용은 쓰기 지도의 초점에 따라 달라질 수 있을 것이다. 좀 더 언어적인 측면을 강조하는 경우도 있고, 내용에 보다 치중하는 경우도 있다.

현실적인 여러 가지 제약들 때문에 현재 우리의 학교 현장에서는 쓰기 지도가 제대로 이루어지지 못하고 있다는 것은 주지의 사실이다. 또한 그나마 쓰기 지도를 시도하는 경우에도 과정중심 쓰기보다는 숙제를 통한 결과중심 쓰기에 중점이 주어지는 경우가 많고, 교사의 피드백도 쓰기 결과물에 대한 피드백이 많으며, 내용보다는 표면적인 언어 형태에 관한 것이 많은 것이 사실이다(Gascoigne, 2004).

학생들이 숙제로 제출한 쓰기 과제에 대한 교사의 피드백은 학생들의 숙제에 대한 태도를 결정짓는 중요한 요인이 된다. 숙제에 대한 가장 좋은 피드백은 개별적인 피드백을 주는 것일 것이다. 하지만 시간 부족과 일의 양 때문에 교사가 매 번 일일이 숙제를 개별 체크하는 것이 힘든 경우가 많다. 사실은 이러한 애로사항 때문에 교사들이 숙제를 아예 내지 않는 경우가 많은 것도 사실이다. 이럴 때는 개별 피드백보다는 전체 피드백을 주는 방법도 고려해 볼 수 있다(Keh, 1990).

숙제가 학생들에게 도움이 되고 교사에게도 지나친 부담을 주지 않게 하기 위해서는 숙제에 대한 피드백 주는 일을 경제적으로 할 수 있는 전략이 필요하다. 교사의 부담을 덜어주면서 학생들에게 필요한 피드백을 주는 전략에는 다음과 같은 것들이 포함될 수 있다.

첫째, 개별 피드백보다는 전체 피드백을 이용한다. 숙제를 제출한 다음 수업 시간에 교사가 전체 학생들을 대상으로 학생들이 만든 흔한 오류 중에 중요한 것 몇 가지에 대해 수업 시간에 설명한다.

둘째, 교사의 웹 사이트에 정답이나 모델이 될 수 있는 텍스트를 올려 모든 학생들이 볼 수 있게 한다.

셋째, 웹 사이트에 학생들끼리 서로 의사소통할 수 있는 장을 만들어 숙제를 하는 데 어려움을 느끼는 학생들이 질문을 하면 잘 하는 학생들이 도와줄 수 있게 한다.

쓰기에 대한 개별적 피드백으로 교사가 갖는 부담 때문에 개별 피드백을 전혀 주지 않는 쓰기 지도라면 문제가 될 것이다. 왜냐하면 쓰기는 개별적인 작업이라 그 내용이 다를 수 있고 또한 학습자마다 지도를 필요로 하는 부분이 다를 수 있기 때문이다. 따라서 시간적인 제약을 포함하여 교사가 직면하는 여러 가지 어려운 여건에도 불구하고 교사는 지도하는 학생들에게 개별 피드백을 가능한 많이 줄 수 있도록 고심하는 것이 필요하다. 이 때 명심할 것은 학생들이 글 쓰는 일을 두려워하지 않고 노력을 통해 성장해 갈 수 있도록 교사가 도움이 되어야 한다는 것이다(Muncie, 2000; Zamel, 1985, 1987). 이는 아무리 볼품없는 쓰기 결과물이라고 하더라도 학생이 노력을 한 흔적이라면 그 노력을 중시하고 용기를 북돋워 주는 피드백을 주는 것이 중요하다는 뜻이다. 다시 말해서 교사는 쓰기 결과물에 대한 평가자 보다는 학생들이 자신의 글을 개선하는 데 도움을 주는 조력자 역할을 해야 한다 (Harmer, 2001; Keh, 1990).

다음은 교사가 학습자의 글에 대해 개별 피드백을 문자로 줄 때 사용할 수 있는 오류 코드(correction code)의 예이다. 개인 교사들이 사용하는 코드는 여기서 제공하는 예와 다를 수 있지만 중요한 점은 이러한 수정 요구 코드에 대해서 학생들과 교사 간에 미리 약속이 되어 있어야 한다는 점이다.

S	spelling error	R	register
P	punctuation mistake	?	not clear
W	wrong/inappropriate word	WO	wrong order
G	grammatical error	RW	try re-writing
T	wrong tense	WW	wrong word
X	extra word	WF	wrong form
M	missing word	Irreg	irregular verb
∧	a word is missing	Art	error with articles
/	Start a new sentence	C/Unc	countable/uncountable error
//	Start a new paragraph	etc.	

학생들의 작문을 개선하기 위해서 교사는 문자로 주는 피드백뿐만 아니라 면대면으로 직접 피드백을 줄 수도 있는데 후자를 가리켜 협의(conferencing)라고 칭한다. 협의는 독자로서의 교사 또는 동료 학생과 필자가 함께 필자의 글에 대해 의견을 주고 받음으로써 필자가 글을 개선할 수 있도록 돕는 과정이다. 이는 글을 쓰고 있는 과정에 일어날 수도 있고 또한 글을 다 쓰고 난 후에 일어 날 수도 있다. 면대면으 로 직접 피드백을 주기 때문에 문자로 주는 피드백보다 더 정확한 피드백을 줄 수 있다(Keh, 1990). 다음은 과정중심 쓰기 지도를 하면서 효과적인 협의를 위해서 협의 시 교사가 학생에게 할 수 있는 질문을 소개한 것이다(White & Arndt, 1991).

1) 글을 쓰기 전에 던질 수 있는 질문

① 무엇에 대해 글을 쓸 것인가? (이 때 제목 선택은 필자가 한다.)
② 쓰고 싶은 내용을 종이 위에 어떻게 나열하고 싶은가?
③ 주제를 어떻게 선정할 것인가?
④ 어떤 문제에 부딪칠 수 있는가?

2) 글을 쓰는 동안 던질 수 있는 질문

① 어떻게 진행되어 가고 있는가?
② 지금은 무엇에 대해 쓰고 있는가?
③ 지금 초안의 어느 부분쯤에 와 있는가?
④ 도입부를 바꾼 것 같은데, 지금이 훨씬 단도직입적이다. 어떻게 그렇게 했는가?
⑤ 만약 여기에 새 정보를 넣어야 한다면 어떻게 하겠는가?
⑥ 만약 단어의 철자를 모른다면 어떻게 해야 하겠는가?
⑦ 한 문장을 끝내고 새 문장을 시작해야 하는 곳을 알아보기 위해서 떤 전략을 사용하는가?
⑧ 쓰기가 완성되고 나면 어떻게 하겠는가?

3) 글을 쓴 후에 던질 수 있는 질문

① 이것을 어떻게 했는가?
② 바꾼 부분이 있는가?
③ 다음에는 무엇을 할 것인가?
④ 자신은 이글을 어떻게 생각하는가?

교사가 학생을 만난다고 해서 모든 게 해결되는 것은 아니다. 효과적인 협의를 위해서 교사가 사용해야 할 전략들에는 다음과 같은 것들이 있다.

첫째, 우선 학생들이 편안함을 느낄 수 있어야 한다. 칭찬거리를 찾아서 칭찬해줌으로써 긴장된 분위기를 없앤다.

둘째, 학생과 상호작용하면서 협동적인 분위기를 만든다. 교사가 잘못된 점을 일방적으로 지적하고 수정을 지시하는 분위기가 되어서는 안 된다.

셋째, 글을 분석하는 과정에 학생을 가담시킨다. 학생에게 말 할 기회를 충분히 주고 스스로 수정 결정을 할 수 있도록 한다. 글은 학생의 글이지 교사의 글이 아님을 교사는 명심한다.

넷째, 개개 문장이나 단어 수준의 부분적 오류를 다루기 전에 보다 포괄적인(global) 부분의 오류부터 먼저 다룬다.

다섯째, 쓰는 것을 진행 중이거나 수정 중인 부분에 대해 교사로서 반응을 한다.

여섯째, 학생에게 수정할 부분의 변경 사항에 대해 요약을 해보라고 한다.

일곱째, 학생의 노력에 대해 칭찬과 용기를 북돋우는 말로 협의를 끝낸다.

이상의 전략 외에도 다음 사항들을 고려함으로써 보다 효과적인 협의 결과를 기대할 수 있을 것이다.

첫째, 학생과 대화를 하고 학생이 하고 싶은 말을 경청한다. 학생 스스로 아이디어를 낼 수 있도록 유도하고 그에 대해 칭찬한다.

둘째, 구체적이고 관련 있는 충고를 함으로써 학생이 자신의 글을 수정할 필요가 있으며 어떻게 수정해야 하는지를 이해하게 한다.

셋째, 교사는 필자로서의 모델이 되어야 한다. 자신이 쓰고 있는 글에 대해 얘기하고 어떻게 수정했는지 등에 대해 얘기한다. 영어를 잘 하는 사람도 수정하고 다시 쓰는 일을 많이 한다는 것을 보여줌으로써 학생이 자신의 글을 수정해야 하는 것에 대해 자연스럽게 느끼게 한다.

넷째, 다른 글에도 모두 적용될 수 있는 막연한 충고보다는 학생이 쓴 글에 대한 구체적인 충고를 한다. 다시 말해서 구체적인 전략 사용과 질문과 제안을 함으로써 학생이 자신의 글을 수정하고 재구성하는 데 도움이 되게 한다. 모순이 되는 충고는 피한다.

다섯째, 교사는 자신을 언어 교사가 아니라 쓰기 지도 교사로 생각하여야 한다. 언어 문제에 치중하다 보면 글의 내용과 관련된 보다 포괄적인 문제는 간과하기 쉽기 때문이다.

많은 사람들의 경우 쓴 글에 대해 피드백을 받는다는 것은 주로 문법이나 어휘의 정확성에 대해 평점을 받는 것이 고작이었다. 실제 내용에 대해 충고를 받거나 글의 이독성(readability)을 개선하기 위한 제안을 받게 되는 경우는 매우 드물다. 문법이나 어휘 같은 언어 형식이 아니라 쓰기 내용이 피드백과 평가의 초점이 되게 하기 위해서 교사는 다음과 같은 전략들을 고려할 수 있을 것이다:

(1) 피드백과 과제의 목적을 관련지어야 할 것이다.

피드백은 우선 전반적인 내용, 예를 들면 글을 쓰는 목적이 명확하게 진술되었는지, 주장이나 기술에 대한 상세 내용이 충분하게 제공되었는지, 아이디어들 간에 효과적인 연결이 되었는지, 등에 대한 것이 우선되어야 한다. 만약 교사가 쓰기에 대한 피드백을 줄 때 이런 내용 부분에 대해서는 별 관심이 없고 언어 형식에만 관심을 보인다면 학생들도 그 다음부터는 내용에는 관심이 없고 언어 형식에만 치중할 것이다. 이렇게 되면 쓰기 과제는 한낱 언어 형식을 연습하는 과제로 전락해 버릴 것이다. 따라서 과제의 목적을 파악하고 그에 맞는 피드백을 주어야 한다.

(2) 쓰기 과정에서 교사는 협력자(collaborator)가 되어야 할 것이다.

교사의 목적은 학생들이 쓰기를 잘 하도록 돕는 것이어야 할 것이다. 따라서 쓰기 과제에 대해 단순히 점수만 부여하는 것으로 끝난다면 그것은 과제에 대해 단순히 판단한다는 뜻밖에 안 될 것이다. 피드백을 주고 학생들로 하여금 자신의 글을 수정하게 하는 것이야말로 교사가 내 준 과제가 진정 학생들의 쓰기 능력 향상을 위한 것이라고 말할 수 있을 것이다.

(3) 내용에 초점을 먼저 맞추고 나중에 정확성에 초점을 맞추어야 할 것이다.

언어의 정확성은 이해 가능한 의사소통을 위해서 중요한 역할을 한다. 따라서 내용에 대한 피드백을 통해 글의 내용이 향상되고 나면 마지막 단계에서는 언어의 정확성에 대한 피드백도 필요하다. 물론 여기서 말하는 정확성이란 언어 형식에 있어서의 정확성을 가리킨다. 연구결과에 의하면 이와 같이 글의 내용에 먼저 초점을 두고 나중에 정확성에 초점을 두는 피드백을 제공하는 것이 내용과 정확성 모두에서 더 나은 글이 되는 데 도움이 된다고 한다(Kepner, 1991; Semke, 1984).

학생들의 글에 대해 교사가 촉진성 평(facilitative comment)을 제공하는 것은 학생들의 존엄성을 지켜줄 뿐만 아니라 동기 유발에도 긍정적인 역할을 한다고 알려져 있다. 이런 평은 학생들에게 잘못된 점을 지적하고 고치도록 명령하는 형식이 아니라, 학생들 스스로 잘못된 점을 고칠 수 있도록 유도하는 질문 형식이 좋다. 평을 하는 데 있어서 교사의 부정적인 서술은 학생들이 글 쓰는 것을 포기하게 할 수 있는 반면, 글의 내용을 보다 명확히 하기 위해 던지는 교사의 질문은 학생들로 하여금 자신의 생각을 보다 효과적으로 표현하게 하는 데 도움을 준다. 자기 스스로 글을 고친다는 것은 글의 정확성과 언어적 지식,

그리고 생산성도 높여준다. 따라서 교사는 학생이 글 쓴 종이 위에 몇 가지 표시를 하고 질문을 던지며 도움 되는 평을 제공해야 한다. 이러한 과정은 학생들로 하여금 자신이 가지고 있는 궁금증에 대해 교사의 도움으로 스스로 해결책을 찾아내게 만드는 효과가 있다.

간단히 말해서 피드백은 긍정적인 평과 내용이나 문법, 어휘 면에서의 개선을 위한 수정을 포함해야 한다. 평점이 학생들의 글에 대한 평가를 하기 위한 것이라고 한다면, 피드백은 학생의 글 중 어떤 부분이 잘 되었고 어떤 부분에서 내용이나 정확성의 개선을 요하는지를 교사가 알려줌으로써 글을 개선하기 위한 것이라고 할 수 있다. 하지만 많은 외국어 학습자의 경우 말하기조차 제대로 숙달되지 않은 상태에서 글을 써야 하기 때문에 쓰기가 어려울 수밖에 없다. 이런 어려움을 감안하지 않고 쓰기 결과물의 오류에 대해 일일이 지적하고 점수를 부여하는 식의 피드백을 준다면 아마도 학생들은 글 쓰는 것 자체에 대한 흥미를 잃어버릴 수도 있을 것이다(Cohen, 1990). 따라서 학생들이 글을 잘 쓰도록 돕기 위해서 교사는 점수를 부여 하지 않는 글쓰기 기회를 보다 많이 제공할 필요가 있으며(Armstrong, 2010), 피드백도 부정적인 피드백보다는 촉진적인 피드백을 제공하는 것이 필요하다.

3. 쓰기 평가

교사는 학생들의 글에 대해 평점을 주게 되는데, 만약 채점 기준이 분명하게 정해져 있고 사전에 학생들에게 이 기준을 분명히 알렸다면 평점도 가치 있는 피드백 역할을 할 수 있을 것이다.

쓰기 과제에 대한 평가를 할 때 교사나 학생 모두 평가 기준에 대한 이해를 미리 하는 것이 중요하다. 이러한 평가 기준에 대한 이해는 같은 학교 교사들 사이에서도 공유되는 것이 필요하다. 만약 같은 학년을 가르치는 교사들의 평가 방식이 교사마다 다르다면 배우는 학생들로서는 그 평가 결과를 객관적인 것으로 받아들이기 힘들 것이기 때문이다.

글은 여러 가지 방식으로 채점할 수 있는데, 그 방식들은 총체적 채점(holistic scoring)과 분석적 채점(analytic scoring), 그리고 특성중심 채점(primary trait scoring)으로 분류할 수 있다. 총체적 채점은 기본적으로 전체 글에 대한 인상(impression)으로 판단을 하기 때문에 상당한 전문성이 필요하며, 일반적으로 목표 언어의 원어민들이 채택을 하는 방식이다. 하지만 이 방법은 평가자의 주관적인 판단에 따라 결과가 달라질 수 있기 때문에 채점 결과의 신뢰성이 문제가 될 수 있다. 따라서 복수 채점(multiple scoring)을 하는 것이 신뢰성 확보를 위해서 안전하다. 총체적 채점은 주로 A, B, C, D, E 등과 같은 글 전체에 대한 평점(global grade)을 주며, 채점 결과를 받은 학습자로서는 구체적으로 자신의 글에 대해 어떤 부분이 잘 되었고 잘 못되었는지를 알 길이 없다.

반면에 분석적 채점은 어휘나 문법, 글의 구조, 내용, 기계적인 면, 철자, 등과 같은 여러 가지 글의 요소에 대해 항목 별로 나누어 채점을 하는 경우를 말하는데, 이 때 어떤 항목에 대해 평가를 할 것인가에 관해서는 학생들의 연령이나 언어 수준, 쓰기의 목적 등에 따라 결정해야 한다. 예를 들어 어린 학생이나 초보자의 경우에 글의 독창성(originality)에 대해 평가를 한다면 이는 적절치 못한 일이 될 것이다. 왜냐하면 그들의 경우에는 아직 기본 문장 만드는 것조차 쉬운 일이 아니기 때문이다. 이러한 분석적 채점에서는 각 항목별로 구체적인 채점 기준이 마련되어야 한다. 그리하여 예를 들어 어휘는 5점 만점에 4점, 문법은 5점 만점에 3점 등으로 채점이 되며, 채점 결과를 받은 학생들은 자신이 각 항목별로 어떻게 수행했는지를 알 수 있다. 하지만 이 분석적 채점도 총체적 채점보다는 객관적이라고 할 수 있겠지만 그렇다고 평가자의 주관이 전혀 배제되는 것은 아니다. 왜냐하면 각 항목별로 점수를 부여할 때 평가 대상 글이 항목별로 어느 점수에 해당하는지를 판단하는 데 평가자의 주관이 전혀 배제된다고 볼 수는 없기 때문이다.

특성중심 채점은 쓰기의 어떤 한 가지 측면이나 특정 언어 형태, 또는 특정 의미 군(semantic group)의 사용에 초점을 맞추고자 할 때 사용하는 방식이다. 예를 들면 학생들의 작문에서 어휘 선택의 성숙도를 측정하는 것이 이 방식에 해당하는데, 이 때 분석을 위해서 컴퓨터를 사용할 수도 있다. 이 채점 방식은 교사나 학생 모두에게 피드백, 수정, 주의 등을 구체적인 것에 집중할 수 있게 해준다는 점에서 특징이 있다.

이상에서 소개한 채점 방식 중에서 어떤 것이 적절한 채점 방식인가 하는 것은 쓰기 과제의 목적에 따라 다르다. 예를 들면 첫 번째 초안은 총체적 채점을 하고 두 번째 초안부터는 특성중심 채점을 하고, 마지막 초안은 분석적 채점을 하는 경우도 있을 수 있을 것이다. 각각의 채점 방식은 학생과 교사에게 쓰기 과정과 학생의 성장 단계에 대해 약간씩 다른 정보를 제공한다. 하지만 쓰기 지도의 목적이 단순히 점수를 부여하는 것이 아니라 쓰기 능력을 개선하는 것에 있다면 쓰기 과제를 낼 때 평가의 기준을 학생들에게 명확히 제시하는 것이 반드시 필요하다.

과정중심 쓰기 지도에 대한 학자들의 독려에도 불구하고 대부분의 EFL 상황에서는 여러 가지 요인으로 인하여 과정중심 쓰기 지도가 어려운 것이 사실이다. 따라서 평가도 완성된 결과물에 대한 평가를 하는 경우가 많은데, 우리나라의 경우 원어민이 아닌 한국인 교사가 쓰기 결과물에 대한 채점을 하는 경우에는 총체적인 채점(holistic scoring) 방식보다는 분석적 채점(analytic scoring) 방식이 권장된다. 왜냐하면 한국인 교사는 아무래도 영어가 자신의 모국어가 아니기 때문에 원어민과는 달리 영어에 대한 직관(intuition)이 부족한 경우가 많을 뿐만 아니라, 무엇보다도 총체적 채점 방식은 분석적 채점 방식만큼 교육적인 환류효과(washback)를 기대하기가 힘들기 때문이다. 총체적 채점의 결과를 받은 학생들은 자신이 어디가 어떻게 부족한지 알 수가 없다. 따라서 이러한 채점은 교육적 효과보다는 글을 쓴 사람의 현재 쓰기 숙달도에 대한 평가를 하는 것이 목적인 경우에 더 적합한 방법이다. 예를 들면 어떤 회사에서 쓰기 능력이 우수한 신입 사원을 뽑고자 할 경우에는 그 사람의 쓰기 교육에 관심이 있는 것이 아니기 때문에 구태여 분석적 채점 방식을 고집할 필요가 없을 것이다.

위에서 언급하였듯이 우리나라 영어 교실에서 특히 한국인 교사가 쓰기 과제에 대한 평가를 할 때에는 총체적 채점보다는 분석적 채점이 더 적절하다고 할 수 있다. 다음에 소개되는 것은 그러한 분석적 채점의 기준 및 결과의 예시이다. 하지만 이는 단순히 예시일 뿐 구체적인 채점 항목이나 기준, 그리고 항목별 배점에 대해서는 평가의 목적, 학생들의 수준, 평가 환경 등, 여러 가지 요인들을 고려하여 결정해야 할 사항이다.

〈예시 1〉

채점 기준

내용
3 : 제목이 흥미로우며 독창적이다. 아이디어들이 기발하며 상상력이 풍부하다. 2 : 제목이 적절하며 아이디어들이 재치 있다. 세부적인 면에서 흥미로운 점들이나 우수한 면이 있다. 세부적인 부분들이 주 아이디어를 뒷받침하고 있다. 1 : 제목에서 벗어나 있으며 흥미롭지 못하다. 아이디어들이 빈약하다. 세부적인 부분들이 주 아이디어를 제대로 뒷받침하고 있지 못하다. 0 : 남의 것을 베꼈거나 채점을 할 수 있을 만큼 내용이 충분치 못하다.

구조
3 : 아이디어들이 단락들로 잘 구조화되어 있으며, 글이 논리적으로 전개되고 있다.

2 : 비록 각 문단들로 나누어 나타낸 것은 아니지만, 자신의 생각을 표현하는 데 있어서 시작과 끝맺음이 제대로 되어 있다.
1 : 아이디어들이 흩어져 있고 글의 구조화에 대한 개념이 없다.
0 : 무슨 뜻을 전달하고자 하는지 도무지 글을 이해하기 힘들다.

문체

3 : 학생 자신의 수준에서 볼 때 인상적인 문장과 어휘를 사용하고 있다.
2 : 복합문들을 사용할 줄 알며 어휘 선택이 정확하다.
1 : 비교적 정확한 기본 문장과 어휘를 사용하고 있다.
0 : 문장에 오류들이 많으며 어휘의 산택이 정확하지 못하다.

정확성

3 : 기본 문장과 어휘 사용에 오류가 거의 없으나 어려운 구조의 문장이나 어려운 어휘 사용에 있어서는 다소의 오류가 있다.
2 : 기본 문장과 어휘 사용에 오류가 약간 있고 어려운 구조의 문장은 사용을 하지 않고 있다.
1 : 기본 문장과 어휘 사용에 있어 오류가 자주 있다.
0 : 영어의 규칙을 제대로 이해하지 못하고 있다.

노력 정도

아래 제시된 항목들을 바탕으로 다음과 같이 채점할 수 있을 것이다.

3 : 많은 노력이 엿보인다.
2 : 다소 부족하지만 나름대로 노력을 하였다.
1 : 노력이 많이 부족하다.
0 : 전혀 노력을 하지 않았다.

- 완성된 글을 제때 제출하였는지 여부
- 남의 것을 베끼거나 도움을 받지 않고 자신의 노력으로 글을 썼는지, 글을 정성스럽게 썼는지 여부
- 제목이나, 길이, 구조, 어휘, 문장의 종류 등에 있어서 교사의 요구에 가깝게 글을 썼는지 여부
- 학생의 수준에서 이미 터득이 되었어야 한다고 판단되는 부분에 있어서의 오류(즉, 부주의해서 저지르는 오류)가 어느 정도인지 여부
- 학생 수준을 넘어서는 어휘나 문장들을 사용하고자 하는 의도가 있는지 여부 (이 부분에 있어서는 오류가 있어도 좋고 오히려 권장되기도 함)

채점 결과

	3	2	1	0
내용			X	
문체		X		
정확성				X
노력 정도	X			

〈예시 2〉

채점 기준

평가 항목	판단 내용
어휘	적절하고 올바른 어휘 및 숙어 선택을 했는지 여부
문법	어순, 문법 등이 정확한지 여부
구조	글의 구조가 전달하고자 하는 내용을 논리적이고 응집력이 있게 기술하고 있는지 여부
내용	제공하는 정보가 얼마나 알차고 매력 있는지 여부
기계적인 면	구두점, 철자 등 기계적인 면에서 오류의 정도

채점 결과

항목 \ 결과	매우 우수(5)	우수(4)	보통(3)	미흡(2)	매우 미흡(1)
어휘					
문법					
구조					
내용					
기계적인 면					
이름: ______________			점수: ______/25		

위에 제시된 채점 기준 외에도 글의 응집력(cohesion)이나 일관성(coherence) 또한 중요한 평가 기준이 된다. 위 예시들에서도 이들에 대한 평가를 할 수 있는 항목이 있긴 하지만 좀 더 구체적으로 응집력과 일관성에 대한 평가 기준을 제시한 예를 보면 다음과 같다.

글의 응집력과 일관성에 대한 평가 기준의 예
Chiang (1999, p. 222)

5 = 매우 그렇다 4 = 그렇다 3 = 보통이다/모르겠다 2 = 아니다 1 = 전혀 아니다 NA: 해당 안 됨	
글의 일관성	
5 4 3 2 1 NA	(a) 글의 시작 부분이 독자에게 글의 주제에 대해 소개를 하는 데 효과적이다.
5 4 3 2 1 NA	(b) 글 속의 아이디어들이 모두 제목과 매우 연관이 깊다.
5 4 3 2 1 NA	(c) 글 속의 아이디어들이 모두 서로 잘 연관되어 있다.
5 4 3 2 1 NA	(d) 아이디어들 간에 원인-결과 관계가 분명하다.
5 4 3 2 1 NA	(e) 문제 제기에 대한 답이나 해결책이 잘 나타나 있다.
5 4 3 2 1 NA	(f) 서로 다른 아이디어들이 효과적으로 비교/대조 되어 있다.
5 4 3 2 1 NA	(g) 언급된 아이디어들이 상세히 묘사되어 있다.
5 4 3 2 1 NA	(h) 필자의 견해가 전반적으로 분명하다.
5 4 3 2 1 NA	(i) 내용에 따라 단락의 구분이 잘 되어 있다.
5 4 3 2 1 NA	(j) 단락들 사이의 연결이 매끄럽다.
5 4 3 2 1 NA	(k) 글을 끝맺음이 독자에게 명확히 전달되었다.

Cont'd

5 = 매우 그렇다　4 = 그렇다　3 = 보통이다/모르겠다 2 = 아니다　1 = 전혀 아니다　NA: 해당 안 됨	
글의 응집력	
5 4 3 2 1 NA	(a) 같은 단어/표현/구조들이 반복적으로 사용되고 있다.
5 4 3 2 1 NA	(b) 같은 뜻을 가진 단어나 바꿔 쓰기를 할 경우 적절히 사용되었다.
5 4 3 2 1 NA	(c) 앞의 내용을 지칭하는 대명사들이 적절히, 정확하게 사용되었다.
5 4 3 2 1 NA	(d) 생략이 필요한 경우에 생략을 하였다.
5 4 3 2 1 NA	(e) 연결어가 적절하고 정확하게 사용되었다.
5 4 3 2 1 NA	(f) 연결어를 사용하지 않았을 경우, 문장 간의 연결이 매끄럽다.
5 4 3 2 1 NA	(g) 새로운 정보가 적절한 곳에서 적절하게 소개되었다.
5 4 3 2 1 NA	(h) 보기가 그냥 긴 리스트 형태로 나열된 것이 아니라, 적절하게 소개되었다.
5 4 3 2 1 NA	(i) 아이디어들이나 문장들 간 구분을 위해서 을 구두점들이 적절히 사용되었다.

제6장 영어 쓰기 지도 방안

1. 단어-문법 중심 쓰기 지도의 예시
2. 학습자 경험 중심 쓰기 지도의 예시
3. 텍스트를 활용한 쓰기 지도의 예시
4. 모둠 활동을 통한 쓰기 지도의 예시

6 chapter 영어 쓰기 지도 방안

외국어로서의 영어 학습 환경에서의 쓰기 지도는 대부분 통제 작문이다. 따라서 이 장에서는 영어 통제 작문을 지도하기 위한 여러 가지 학습 자료와 활동을 소개하면서 보다 효과적인 쓰기 지도를 위해서 교사가 어떤 것을 할 수 있는지에 대해 고민해 보고자 한다. 대부분 언어 기술을 통합하여 지도하는 학습 자료와 학습 활동이 많이 소개될 것이다. 제공된 예시들을 통해서도 알 수 있는 바와 같이 학습 자료나 학습 활동은 학습자의 언어 능력이나 학습 환경 등, 여러 가지 요인에 의해 그 효과가 크게 달라질 수 있기 때문에 경우에 따라 원래의 자료나 활동을 그대로 쓰기보다는 보다 나은 학습 효과를 위해서 일부 수정 또는 변형하여 제시해야 하는 경우가 많다는 점을 기억할 필요가 있다. 또한 쓰기 활동을 위한 학습 자료와 다른 언어 기술 지도를 위한 학습 자료가 분리되어 있지 않은 경우가 많으며, 따라서 같은 자료로써 다양하게 언어 기술 지도를 할 수 있다는 점도 기억할 필요가 있다.

구체적으로 학습 자료나 활동이 어떻게 수정되고 변형되어야 하는가에 대한 결정은 가르치는 학생과 학습 환경에 대해 가장 잘 아는 개별 교사가 결정할 일이지만, 이 장에서는 그럴 수 있기 위해 교사들에게 일반적인 아이디어를 제공하여 효과적인 쓰기 지도에 대한 교사들의 통찰력을 기르는 데 도움이 되고자 한다. 부언하고 싶은 점은 학습 자료나 학습 활동 그 자체가 효과적인 것은 없다는 점이다. 그것들을 사용하고 난 뒤에 그 효과에 대해 말할 수 있을 뿐이다(Kim, 2007). 따라서 이 장에서 소개되는 여러 통제 작문의 예들도 교사 자신이 가르치는 학생들에게 보다 효과적인 것이 되기 위해서는 여러 가지 요인들을 감안한 개별 교사의 판단과 수정이 필요할 수도 있을 것이다.

1. 단어-문법 중심 쓰기 지도의 예시

어휘나 문법 능력은 의사소통 능력을 갖추기 위해 가장 기본적으로 필요한 능력이다. 더구나 문자언어로 의사소통을 해야 하는 경우에는 문자언어 그 자체만으로 의사소통을 위한 모든 것을 제공해야 하기 때문에 음성언어에서보다 더 정확한 어휘와 문법 사용이 요구된다. 아래 예시들은 그런 점에서 쓰기의 기초 단계에서 주로 사용되는 어휘와 문법 학습을 위한 자료와 활동들이다.

1-1. 그림에 해당하는 단어 쓰기

〈예시 1〉

◈ 과일 그림을 잘라서 오른 쪽 해당 단어에 풀로 붙이세요. 그리고 그 밑에 과일 이름을 직접 써보세요.

(strawberry, grape, pear, peach, apple, watermelon, melon, banana)

peach	apple	orange
melon	straw-berry	grape
pear	banana	water-melon

위의 예시는 아주 초보적인 아동 영어 학습자들에게 사용할 수 있는 자료이다. 학습자들은 아직 철자조차 완전히 쓸 수 없는 상태이기 때문에 그림을 해당 단어 위에 붙이고 나서 단어를 보고 쓸 수 있도록 단어들을 위에 따로 제시해 두었다.

〈예시 2〉

◈ 아래 그림은 저녁 식사를 위한 상차림 그림입니다. 아래에 있는 설명이 어떤 것을 지칭하는지 그림 옆에 있는 보기의 단어들 중 골라서 써보세요.

Setting the Table

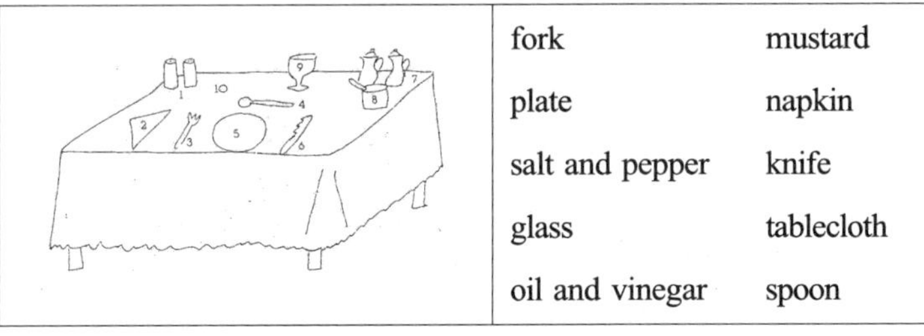

1. One is white, one is black, they make your food more tasty. (*salt and pepper*)

2. You use it to wipe your mouth. (　　　　　)
3. You use it to eat solid food. (　　　　　)
4. You use it to eat soup. (　　　　　)
5. You put your food on it. (　　　　　)
6. You use it to cut your food. (　　　　　)
7. You mix these two together to make a salad dressing. (　　　　　)
8. This is yellow and spicy and often eaten with hot dogs. (　　　　　)
9. You drink from it. (　　　　　)
10. You cover your table with it. (　　　　　)

위 예시는 학생들이 일상생활에서 경험하는 것들로부터 단어 공부를 하도록 만든 활동이다. 언어능력 부족으로 아직 스스로 단어를 쓸 수 없는 학생들을 위해서 보기를 제시하여 난이도를 낮추었다.

1-2. 지시문에 알맞은 단어 쓰기

〈예시〉

◈ 아래 그림은 약병에 있는 지시문입니다. 각 빈 칸에 해당하는 단어를 보기에서 골라 써넣으세요.

> Take two tablets with water, _______ by one tablet every eight hours, as required.
> For maximum nighttime and early morning _______, take two tablets at bedtime. Do not ______ six tablets in twenty-four hours.
> For children six to twelve years old, give half of the adult dosage.
> For children under six years old, ______ your physician.
> Reduce dosage if nervousness, restlessness, or sleeplessness _______

excessive, exceeding, exceed, occurs, occurrence, occurring, following, followed, follow, consultant, consulting, consult relief, relieved, relieve, drink, drunk, drinking

위 예시는 실제자료(authentic material)인 약병의 지시문을 활용하여 어휘나 문법 학습을 하기 위한 활동이다. 이를 위해서는 지시문의 문맥에 맞는 의미를 가진 단어를 선택해야 할 뿐만 아니라 문법적으로 적절한 형태의 단어를 고를 수 있어야 하므로 어휘와 문법 지식을 동시에 필요로 한다.

1-3. 직업과 관련되는 단어 쓰기

〈예시〉

◈ 여기 여러 가지 직업과 관련된 도구들이 있습니다. 아래에 있는 표의 각 직업에서 필요로 하는 해당 도구들을 1~2개씩 써 넣으세요.

computer	saw & hammer	wrench	broom & mop	phone	copy machine

Job	Tool	Skill
carpenter	saw & hammer	makes furniture
computer programmer		
construction worker		
custodian		
delivery person		

driver		
mechanic		
office worker		
student		
teacher		

◈ 위 표의 각 직업에서 요구되는 기술들을 아래 보기에서 골라 써넣으세요.

drives a truck	builds houses	delivers packages	
writes programs	makes furniture	listens carefully	
types letters	cleans offices	fixes cars	helps students

◈ 다음 광고들을 읽고 아래에 있는 표를 완성하세요.

♣Nurse♣

f/t. gd bnfts,
2 yrs/exp necessary,
$22/hr
call 555-3456

◐Server◑

p/t.no exp nec.,
$5/hr.plus tips
apply in person at 345 N. Witcomb Ave. 9am to 5pm, M-F

▶Mechanic◀

Mike's Garage, f/t, night shift, $12, bnfts, no exp, will train. Call 555-7469

♠Cashier♠

p/t, Wimbles Theaters,
no bnfts, n/exp, $8 an hour, Mon. & Tue. off, must be 18yrs. old. Apply in person at 4563
W. Broadway during office hours.

★Driver★

f/t or p/t, work 7 days,bnfts., $18/hr, no exp, will trin, current driver's license, speak Eng. and Span.
Call Emily at 555-5432

Position	*Experience*	*F/T or P/T*	*Benefits?*	*Pay*
1.	2 years			
2. server				
3.		full-time & part-time		
4.			No	
5.				$12/hr

위 예시는 직업과 관련된 어휘와 표현들을 익히게 하기 위해서 다양한 형태의 학습 활동을 할 수 있다는 것을 보여준다. 어휘 학습이 단순히 단어를 암기하는 것에서 벗어나 실제 생활과 연결될 수 있다는 것을 보여줌으로써 보다 의미있는 어휘 학습이 되게 한다.

1-4. 그림을 활용한 문법 초점 단어 쓰기

〈예시〉

◈ 여러분은 짝과 매우 유사하지만 서로 다른 부분이 8군데 있는 그림을 각각 가지고 있습니다. 짝에게 자신의 그림을 묘사하고 질문도 주고받으면서 서로 다른 부분을 찾아내어 보세요. 짝 활동이 완성되고 나면 아래의 지문 속의 빈칸에 다음 단어들 중 적절한 것을 골라 써 넣으세요: about; for; of; off; on; out; over; to and up. 어떤 단어들은 한 번 이상 쓰일 수도 있습니다.

A Coffee Shop Kitchen

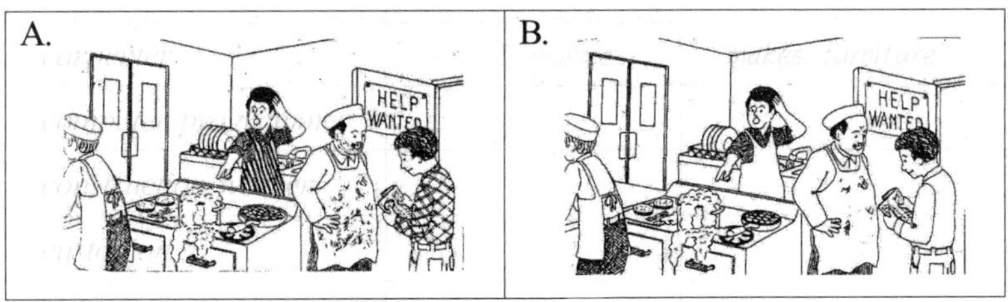

(Source: Olsen, J. W. (1984). *Look again pictures*. Englewood Cliffs, NJ: Alemany Press.)

Look at this kitchen. All kinds (1)_____ things are going on. (2)_____ the stove, a pot has just boiled (3)_____, but the cook's helper isn't paying any attention (4)_____ it. He's busy working (5)_____ something else. The dishwasher is trying to warn him (6)_____ it. He's afraid that he's going to have to wipe (7)_____ the mess after the helper turns (8)_____ the burner.

Something else is going (9)_____ at the door. There's an eager young applicant (10)_____ a job. He hasn't had much experience, but he looks like he'll be easy (11)_____ train. The boss is looking him (12)_____ . he needs more help right away, but he wants to find (13)_____ more about the young man before offering him the job. The last new helper they hired didn't work (14)_____ at all. They had to let him go after only two days.

위 예시는 짝과 함께 두 개의 매우 유사하지만 다른 부분이 있는 그림들을 가지고 서로 다른 점을 찾아내는 정보 차 활동(information gap activity)이다. 이는 듣고 말하기를 연습하기 위한 짝 활동(pair work)이며 이를 끝낸 후 학생들은 각자 자신이 가진 그림(즉, 그림A 혹은 그림B)을 보고 주어진 지문의 빈칸에 전치사를 끼워 넣는 개별 학습을 하는 자료이다. 이 자료는 개별 학습을 통해 학생들은 주어진 지문을 읽게 되고 또한 필요한 단어를 직접 써 넣음으로써 극히 제한적이긴 하지만 쓰기까지 할 수 있으므로, 말하자면 언어의 네 가지 기술을 통합하여 학습할 수 있는 자료이다. 여기에서의 쓰기란 겨우 문맥에 맞게 단어를 끼워 넣는 수준이지만 학생들의 영어 숙달도가 보다 높을 때는 그림에 대해 나름대로 직접 묘사하는 글을 써보라고 할 수도 있을 것이다. 하지만 현재 우리나라의 경우 고등학생이라고 하더라도 이 정도의 쓰기를 무난히 할 수 있는 학생은 그리 많지 않을 것이다.

1-5. 단어 학습을 통한 문장 쓰기

〈예시 1〉

A Street Scene

◈ Look at the pictures above and choose the vocabulary for each question from the box below.

1. Mr. Jones got a flat tire.
   Who is helping him to fix it? (   )
2. Mr. Brown left his car parked on the wrong side of the Street.
   Who is giving him a ticket? (   )
3. Who is delivering letters? (   )
4. Who is pushing the baby in the stroller? (   )
5. Who is putting out a fire? (   )
6. Who is standing on the ladder? (   )
7. Peter is lost. Who is giving him directions? (   )
8. Who is helping the city to keep clean? (   )

mail carrier	window cleaner	fire fighter	garbage collector
baby sitter	passers-by	traffic officer	mechanic

◈ Choose the vocabulary for each question from the box above.

1. Mr. Jones got a flat tire.
   Who is helping him to fix it? ____________
2. Mr. Brown left his car parked on the wrong side of the street.
   Who is giving him a ticket? ____________
3. Who is delivering letters? ____________
4. Who is pushing the baby in the stroller? ____________
5. Who is putting out a fire? ____________
6. Who is standing on the ladder? ____________
7. Peter is lost. Who is giving him directions? ____________
8. Who is helping the city to keep clean? ____________

위 예시는 어휘 학습을 위하여 그림을 제시하고 각 그림에 해당하는 단어를 주어진 보기에서 고르게 한 뒤 문장의 일부를 주고 완성하게 하거나 자신의 선택에 따라 문장을 바로 쓰게 하는 활동이다. 어휘 학습을 바탕으로 다음과 같이 난이도가 다른 문장 쓰기 과제 유형을 만들 수 있다. 이를 위해서 교사는 난이도를 다르게 한 문장 쓰기 자료를 미리 준비하여 학생들로 하여금 자신의 수준에 맞게 선택해서 사용하게 할 수 있다. 난이도를 달리한 쓰기 과제 유형의 예를 들면 다음과 같다.

〈유형 1〉

◈ 아래에 주어진 의미를 생각하면서 다음 문장들을 따라 써 보세요.

1. The mechanic is fixing the flat tire.

____.

(수리공이 펑크 난 타이어를 고치고 있다.)

2. The traffic officer is giving Mr. Brown a traffic ticket.

____.

(교통 담당관이 브라운씨에게 교통위반 딱지를 끊고 있다.)

3. The mail carrier is delivering letters.

____.

(우체부가 편지를 배달하고 있다.)

4. The baby sitter is pushing the baby in the stroller.

____.

(아기 돌보미가 유모차에 있는 아이를 밀고 있다.)

5. The fire fighter is putting out a fire.

____.

(소방관이 화재를 끄고 있다.)

6. The window cleaner is standing on the ladder.

____.

(유리창 청소하는 사람이 사다리 위에 서 있다.)

7. The passers-by are giving Peter the directions.

____.

(지나가던 사람들이 피터에게 길을 안내하고 있다.)

8. The garbage collector is helping the city to keep clean.

____.

(쓰레기 수거원이 도시가 깨끗해지도록 돕고 있다.)

〈유형 2〉

◈ 다음 단어들의 순서를 바로 하여 문법적으로 올바른 문장을 만드세요.

1. is mechanic The fixing tier the flat .

____

2. The is traffic ticket giving officer Mr. Brown a.

____

3. carrier is the delivering mail the letters.

____

4. baby is The pushing sitter the in the baby stroller.

____

5. The fighter is out fire putting fire a.

____

6. The is standing cleaner on window ladder the.

____

7. passers-by is the directions giving Peter.

____

8. The garbage is city helping collector to the keep clean.

____

〈유형 3〉

◈ 그림을 보고 각 해당 사람들이 무엇을 하고 있는지 글로 써 보세요. 첫 두 문장은 보기로 주어졌습니다.

1. The mechanic is fixing the flat tire ______.
2. The traffic officer is giving Mr. Brown a ticket ______.
3. The mail carrier ______________________.
4. The baby sitter ______________________.
5. The fire fighter ______________________.
6. The window cleaner ______________________.
7. The Passers-by ______________________.
8. The garbage collector ______________________.

〈유형 4〉

◈ 위의 그림에서 제시된 직업 외에 다른 직업들이 많이 있습니다. 생각나는 직업 5개만 골라 그 직업을 가진 사람들이 각각 무슨 일을 하는지 적어보세요.

1. __________ : ______________________________
2. __________ : ______________________________
3. __________ : ______________________________
4. __________ : ______________________________
5. __________ : ______________________________

〈예시 2〉

◈ 아래 물건에 자신이 좋아하는 색깔을 칠하고 해당 색깔과 물건의 이름에 해당하는 단어를 골라 선을 그어 각각 연결해 보세요.

yellow	red	blue	green	brown
pencil	eraser	pen	ruler	notebook

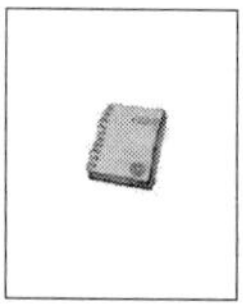

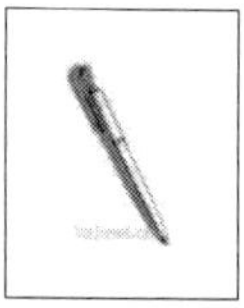

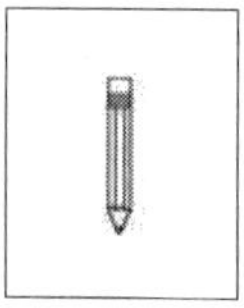

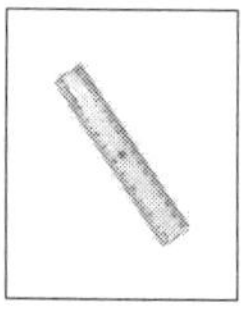

◈ 이번에는 여러분이 칠한 색깔의 물건을 묘사하는 문장을 써보세요.

1. I have a blue ____eraser____.
2. I have ___ _____ _________.
3. I _____ ___ _____ _________.
4. ___ ______ ___ ______ ________.
5. ___ ______ ___ ______ ________.

◈ 마지막으로 여러분의 가방 속에 실제로 있는 물건을 영어로 묘사하는 글을 써보세요.

What do you have in your bag?

book, notebook, ruler, pen, pencil, eraser, pencil case, etc. red, pink, yellow, purple, green, black, white, orange, blue, brown, grey, etc.

1. ____.
2. ____.
3. ____.
4. ____.
5. ____.

위 예시는 초등학생들이 색깔과 학용품을 나타내는 단어들을 공부할 때 문장 쓰기도 함께 할 수 있도록 만든 자료이다. 아동들의 특성을 고려하여 자신이 선호하는 색상을 선택하여 해당 색깔의 단어와 원하는 물품에 칠을 하고 선을 그어 연결을 하게 한다. 그리고 그것을 바탕으로 각자 문장을 쓰게 되는데 첫 문장을 모델로 하여 어려움 없이 따라 할 수 있다. 교사가 제시한 바대로 거의 따라하는 수준이지만 그 결과는 제 각각 다르다. 즉, 학생들마다 쓴 문장이 자신이 좋아하는 색깔의 학용품에 대해 쓴 것이며, 교사가 제공하는 것을 일방적으로 따라 한 것은 아니다. 학생들에게 나름의 자유를 허용한 것이다. 아직 목표언어 능력이 낮은 학생들의 경우에는 지나친 자유는 학습 효과를 오히려 떨어뜨릴 수 있다. 따라서 학생들이 자율적으로 할 수 있기 전까지 교사의 인도가 필요한데, 위의 예시가 바로 그런 점을 염두에 둔 것이다.

1-6. 어순 바로 하여 문장 쓰기

〈예시〉

◈ 아래 그림을 보고 그것을 묘사하는 문장을 만들어 보세요. 주어진 단어들은 현재 순서가 섞여 있습니다. 순서를 바로 하여 문법적으로 옳은 문장을 만들어 써보세요.

A Coffee Shop

(Source: Olsen, J. W. (1984). Look again pictures. Englewood Cliffs, NJ: Alemany Press.)

1. ? coffee with you friends go your ever to Do shops

____

2. Jack's between teenagers These to like classes Shop to Coffee go

____

3. drinking . yesterday and They sodas were there , talking

____

4. . at Another ordering the was something to eat counter person sitting and

____

5. ? get or Did hamburger she sandwich a a

____

6. . remember She doesn't what ordered she

____

7. . wasn't about food She thinking the ; about was owner thinking the she

____

8. . , , likes too and him her likes he She

____

9. . comes on frequently She break here her

____

10. ? him Will someday marry ask he to her

____

위 예시의 경우에는 학생들의 쓰기 능력이 아직 그림의 내용에 대해 스스로 묘사할 수 있을 정도가 아니기 때문에 문장 속에 들어갈 단어를 모두 제시하였다. 여기서 학생이 할 일은 주어진 단어들을 올바른 순서로 배열하여 문법적인 문장을 만들어 다시 쓰는 일이다. 하지만 이런 자료도 학생들의 수준에 따라 다른 쓰기 자료로 변화시킬 수도 있을 것이다. 예를 들면 다음과 같다.

◈ 단어 순서를 바로 한 문장들을 차례대로 써서 위 그림을 묘사하는 지문이 되도록 해보세요.

(완성된 글의 예)

Do you often go to coffee shops with your friends? These teenagers like to go to Jack's Coffee Shop between classes. They were talking and drinking sodas there yesterday. Another person was sitting at the counter and ordering something to eat. Did she get a hamburger or a sandwich? She doesn't remember what she ordered. She wasn't thinking about the food; she was thinking about the owner. She likes him and he likes her, too. She frequently comes here on her break. Will he ask her to marry him someday?

위 보기의 경우에는 학생들이 실제 스스로 문장을 만들어야 하는 것은 없다. 앞서 어순을 바르게 한 문장들을 순서대로 그대로 쓰기만 하면 지문이 완성되는 것으로 아주 초보적인 쓰기이다. 하지만 평소 이런 경험을 통해서 학생들이 쓰기에 대한 불안감을 떨쳐버리고 쓰기에 익숙해지는 데 나름대로 도움이 되는 쓰기 활동이다.

또한 같은 학습 자료를 사용한 다른 형태의 쓰기 과제로서 아래와 같이 주어진 그림을 보고 그림을 묘사하는 글이 되도록 괄호 속에 알

맞은 단어를 채워 넣게 할 수도 있다. 물론 이 때 학생들의 부담을 줄여주기 위해 괄호 속에 들어 갈 단어들을 보기에 제시해주는 것도 필요할 수 있다.

◈ 적당한 단어로 빈칸을 메워보세요.

Do you often go to coffee shops with your friends? These teenagers like (　　) go to Jack's Coffee Shop between classes. They were talking and (　　　) sodas there yesterday. Another person was (　　) at the counter and ordering something to (　　). Did she get a hamburger (　　) a sandwich? She doesn't remember (　　　) she ordered. She wasn't thinking (　　　) the food; she was thinking about the (　　). She likes him and he (　　) her, too. She frequently comes here (　　　) her break. Will he ask her to marry him someday?

1-7. 비교급이나 최상급을 사용하여 문장 쓰기

◈ 다음은 세 군데 상점의 물건 값을 비교한 것입니다. 'cheap'이나 'expensive'와 같은 단어의 적절한 형태를 사용하여 문장을 완성하세요.

	LOTTE MART	*TOP MART*	*E MART*
MILK	1 qt. $1.29	1 qt. $1.69	1 qt $1.49
FLOUR	5 lb. bag . $3.29	3 lb bag. $1.79	2 lb. bag..$1.19
BEEF	1 lb. $2.29	2 lbs $4.19	3 lbs. $5.99
JAM	2 jars $1.99	5 jars $4.59	1 jar $1.19
COFFEE	1 lb. can... $2.99	2 lbs. $5.29	2 lbs........ $5.39

보기) The milk at Lotte Mart is cheaper than that at E Mart.
The milk at Lotte Mart is the cheapest.

1. The flour at Lotte Mart is ________________________.
2. The beef at Top Mart is __________ than that at E Mart.
3. The jam at Top Mart is ________________________.
4. The coffee at E Mart is ___________ that at Lotte Mart.
5. ____
6. ____

위 예시는 문법을 가르치기 위해 일상생활 속의 소재를 사용한 경우이다. 상점 이름도 주변에서 흔히 볼 수 있는 이름들을 사용함으로써 친밀감을 주고자 하였다. 문장 수준의 쓰기를 연습시키는 활동이다.

1-8. 빈도 부사를 사용하여 문장 쓰기

〈예시〉

	never	seldom	sometimes	often	usually	always
1					V	
2						
3						
4						
5						

◈ 다음 문장들을 보고 자신의 경험에 맞게 빈도부사를 골라 위의 각 해당 번호에 표시를 하세요. 1번 문장은 예로 주어졌습니다.

1. I __ have breakfast before I go to school. (*usually*)
2. I __ play computer games when I have time.
3. I __ go to bed after midnight.
4. I __ get to school late.
5. I __ feel sleepy in class.

◈ 자신의 경험에 맞는 빈도부사를 각 문장에 직접 써넣으세요.

1. I *usually* get up before 6:00 in the morning.
2. I ________ have breakfast before I come to school.
3. I ________ play computer games during the weekend.
4. I ________ go out to see my friends on Sundays.
5. I ________ go to bed after midnight.

◈ 자신의 경험에 맞게 빈도부사를 넣어 문장 전체를 다시 써보세요.

1. *I usually get up before 6:00 in the morning.*
2. ______________________________
3. ______________________________
4. ______________________________
5. ______________________________

위 예시는 교사가 제공하는 문장을 학생 자신의 경험에 맞게 바꾼 것으로 학생들에게 보다 의미 있는 학습이 되고자 한 쓰기 활동이다. 여기서 주의할 것은 교사가 기본적으로 제공하는 문장들이 학생들의 경험에서 크게 벗어나지 않는 것이 좋다는 것이다. 학생들 중 누구도 하지 않는 경험을 묘사하는 문장은 별 의미가 없다. 예를 들어 어린 학생들에게 'I drive to the beach.' 와 같은 문장은 좋은 예가 되지 못한다는 뜻이다. 다시 말해서 각자 쓴 문장을 발표했을 때 학생들마다 자신의 경험에 따라 서로 다른 답이 나올 수 있는 문장이 학생들에게는 보다 의미 있고 또한 흥미롭다.

1-9. 위치 묘사하는 문장 쓰기

〈예시〉

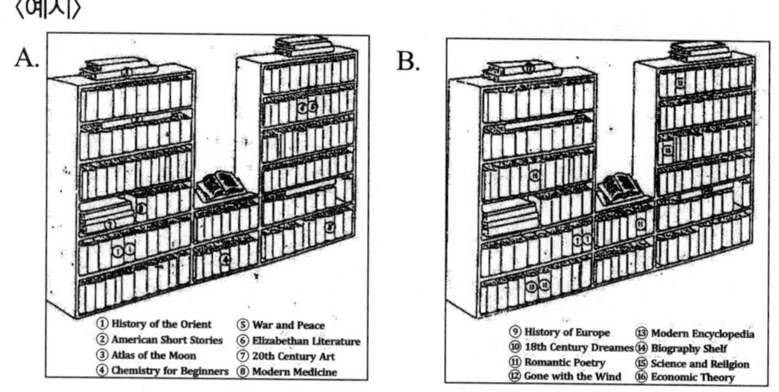

(Source: Yorkey, R. (1985). *Talk-a-Tivities*. U.S.A. Addition-Wesley Publishing Company, Inc.)

left-side bookcase, right-side bookcase, middle bookcase shelf, top shelf, bottom shelf, the second shelf from the top, the third shelf from the bottom, the first one from the left,	the top one, the bottom one, the middle one the second one from the right, on the top of the bookcase The book is lying on the top of the bookcase. Two books are lying on the top of the left-side bookcase.

위 예시는 원래 짝 활동으로 듣고 말하기 연습을 할 수 있게 만들어진 것으로 학생들의 영어 수준이 어느 정도 되어야만 사용할 수 있다. 학생들의 어려움을 덜어주기 위해 네모 속에 제시된 바와 같이 위치를 묘사하는 데 필요한 어휘와 표현을 제공할 수는 있으나 여전히 초보자들에게는 어려울 수 있다. 하지만 이런 자료도 교사가 조금만 생각하면 아래와 같이 초보자에게 개별 쓰기 활동 자료로 변화시킬 수 있다.

◈ 아래 그림에 있는 책의 위치를 묻는 질문에 대한 답이 되도록 빈칸을 채우세요.

① music ② art ③ poetry ④ math ⑤ history ⑥ English first, second, third top, middle, bottom bookcase, shelf, left, right the first from the left

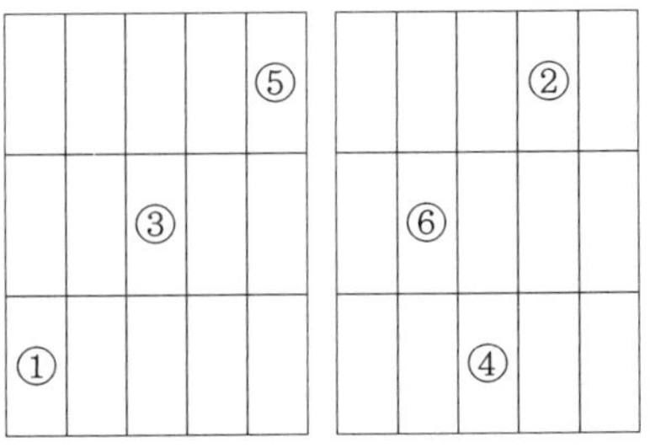

1) Where is the music book?
- It is on the left bookcase.
- It is on the bottom shelf.
- It is the first book from the left.

2) Where is the art book?
- It is on the (   ) bookcase.
- It is on the (   ) shelf.
- It is the (   ) book from the right.

3) Where is the poetry?
- It is on the (   ) (   ).
- It is (   ) (   ) (   ) shelf.
- It is the (   ) (   )
  from the (   ).

4) Where is the math book?
____
____
____

위 보기에서 알 수 있듯이 초보 학습자들이라도 교사가 제공하는 것을 그대로 따라하다 보면 별 마지막에는 어려움 없이 그림에 있는 책의 위치를 스스로 묘사할 수 있게 된다. 이 때 중요한 것은 학생들이 스스로 할 수 있도록 교사가 도움을 주는 것인데, 그림 옆에 있는 단어들이 바로 그런 용도로 제시된 것이다. 책의 위치를 묘사하기 위해 필요한 이런 핵심 단어들을 학생들이 미리 학습하고 난 뒤 쓰기를 하게 해야 할 것이다.

1-10. 기분을 묘사하는 문장 쓰기

〈예시〉

◈ 그림과 단어들을 잘 보고 단어의 뜻을 이해한 다음 그 아래에 있는 문장들끼리 서로 어울리도록 연결해 보세요.

<u>Words for Feelings</u>

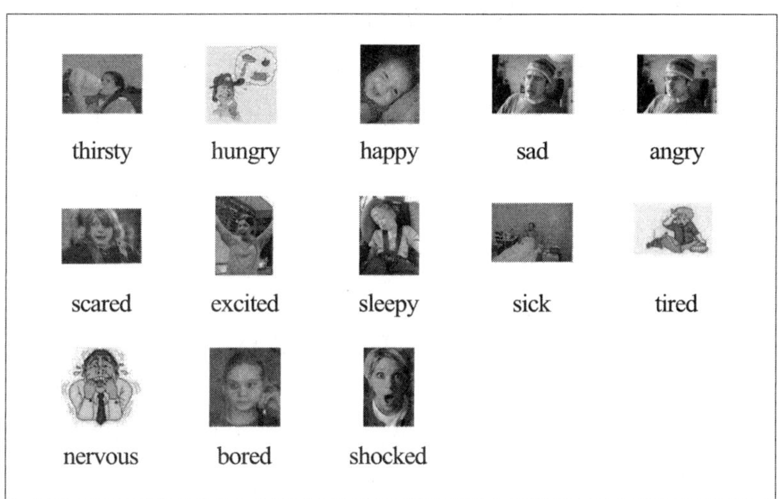

(1) I am hungry •	• because I got a birthday gift.
(2) I am bored •	• because I didn't have breakfast.
(3) I am happy. •	• because I had salty foods.
(4) I am tired. •	• because I failed in the exam.
(5) I am angry. •	• because I can't understand it.
(6) I am thirsty. •	• because I worked too much.

◈ What is your feeling like today? Describe your feeling and give the reason(s).

____

____

____

위 예시는 기분을 묘사하는 어휘 학습을 하고 난 뒤 단문 두 개씩을 연결하여 의미 있는 복문으로 만드는 활동이며, 마지막으로는 자신의 현재 기분을 표현하게 함으로써 보다 의미 있는 쓰기 학습이 되도록 하였다. 학생들의 수준에 따라 교사가 제공하는 보기의 어휘와 문장의 난이도는 달라질 수 있을 것이다.

2. 학습자 경험 중심 쓰기 지도의 예시

모든 학습 활동들이 가능하면 학습자의 경험과 흥미를 중심으로 이루어져야 한다는 것이 오늘날 의사소통중심 외국어 학습에서 강조되는 바이다. 따라서 앞에서 제시된 단어-문법중심 쓰기 지도에서도 이 점을 염두에 두고 쓰기 활동을 제시하였다. 하지만 여기에서는 보다 구체적으로 개인의 경험을 중심으로 문장 수준을 넘어 텍스트를 생산하는 수준의 쓰기 활동 예시들을 소개하고자 한다.

2-1. 하루 일과에 대해 쓰기

〈예시 1〉

◈ 여러분 자신의 경험에 맞게 아래 각 문장의 빈칸에 시각을 써넣으세요. 빈칸을 모두 채우고 난 뒤에는 왼쪽에 네모 칸에 시간적인 순서로 번호를 매기세요.

A. My Day

□ I get up at (   ) in the morning.
□ I have lunch in school at (   ).
□ I go to bed at (   ).
□ I have breakfast at (   ).
□ I have dinner at (   ).
□ I go to school at (   ).
□ I come back home at (   ).
□ I do my homework at (   ).

◈ 위의 문장들을 번호순으로 써보세요. 그러면 여러분 자신의 하루 일과를 묘사하는 글이 됩니다.

B.

〈My Day〉

____

____

____

____

위의 예시는 영어능력이 낮은 초보 학생들에게 사용하기 좋은 쓰기 활동으로서 자신의 하루 일과에 대해 문장 수준으로 읽고 쓰는 활동이다. 간혹 교사들은 숙제로 학생들에게 하루 일기를 영어로 쓰는 과제를 내는 경우가 있는데, 교사로부터의 도움 없이 이런 과제를 할 수 없는 학생들의 경우도 있다. 이럴 때 위와 같이 교사가 기본 문장들을 제공하고 학생들은 자신에게 맞게 그 문장들 속의 빈 칸에 자신의 경험을 바탕으로 정보를 써 넣어 문장을 완성함으로써 부담 없이 자신의 일과를 영어로 나타내는 의미 있는 경험을 하게 할 수 있다. 이 활동에서의 구체적인 쓰기 단계를 요약하면 다음과 같다.

① 학생들은 각자 A자료에 있는 각 문장의 괄호 속에 자신의 경험에 비추어 시각을 기입함으로써 자신만의 문장을 완성한다.
② 다음으로 A자료 왼쪽에 있는 네모 칸에 문장들을 시각적인 순서로 번호를 매긴다.
③ 마지막으로 A자료의 문장 번호 순서대로 문장들을 B자료의 쓰기 칸에 기입한다.

〈예시 2〉

◈ 아래에 제시된 것은 민호의 하루 일과표와 하루 일과를 묘사한 글이다. 참고로 하여 여러분 자신의 일과표를 먼저 만들고 또한 하루 일과에 대해 써보세요.

〈Minho's Daily Schedule〉

TIME	ACTIVITY	TIME	ACTIVITY
7:00	Get up & wash	9:00	1st class starts
7:20	Get dressed	12:40	Lunch
7:30	Have breakfast	3:50	Last class ends
7:50	Start home for school	4:00	Leave school
8:20	Get to school (30 min.)	4:30	Come back home

Minho' s Day

Minho gets up at 7:00 and washes. He gets dressed at 7:20 and has breakfast at 7:30. After breakfast he starts home for school at 7:50. He gets to school around 8:20. It usually takes 30 minutes to go to school. His first class starts at 9:00. He has lunch at 12:40. His last class ends at 3:50. He leaves school at 4:00 and comes back home around 4:30.

〈My Daily Schedule〉

TIME	ACTIVITY	TIME	ACTIVITY

My day

____

____

____

____

자신의 하루 일과에 대해 글을 쓰는 위의 활동은 교실에서 하기에는 시간이 많이 걸리므로 숙제로 내는 것이 시간을 절약할 수 있는 방법이다. 그런데 종종 교사들 중에는 숙제를 내면서도 학생들이 숙제를 제대로 할 수 있도록 도와주는 일에는 그다지 신경을 쓰지 않는 경우가 있다. 앞에서 민호의 일과를 제공한 것과 같이 학생들이 글 쓰는 것이 수월해질 수 있도록 교사는 모델 제공을 할 필요가 있다.

2-2. 학급 친구에 대해 쓰기

〈예시 1〉

◈ 자신이 원하는 친구 3명에게 표에 있는 질문에 대해 묻고 친구의 답을 표에 적으세요. 표에 있는 질문 외에도 궁금한 것이 있으면 질문하세요.

Friend's Name	☺ Sung-ho	☺ ( )	☺ ( )	☺ ( )
Where do you live?	Tong-nae			
What's your phone number? ☎	510-3456			
How many sisters do you have?	2			
How many brothers do you have?	1			
Other				

◈ 위의 친구들 중에서 한 명을 선정하여 그에 대해 글을 써보세요. 아래에 보기가 있습니다. 하지만 보기를 그대로 따를 필요는 없습니다. 여러분이 쓰고 싶은 내용을 첨가하여 써도 좋습니다.

My friend Sung-ho lives in Tong-nae.
His phone number is 510-3456.
He has two sisters.
He has one brother.

My Friend

____

____

____

____

위 예시에서는 친구에 대해 글을 쓰기 전에 학생들이 서로 원하는 친구들을 찾아가서 묻고 답하는 형식으로 정보지를 채워 넣는 활동을 먼저 한다. 그리고 나서 모델 텍스트처럼 한 친구를 선정하여 그에 대해서 글을 쓴다. 이 때 교사는 학생들이 위의 정보지 내용에 억매이지 않고 서로 궁금한 것에 대해 묻고 답을 할 수 있으며, 또한 그것에 대해 쓸 수 있다는 것을 미리 알림으로써 듣고 말하기 활동이나 쓰기 활동에 최대한의 자유를 주는 것이 좋다. 수준이 많이 낮은 학생들에게는 교사가 제시한 대로 하는 것조차도 쉽지 않을 수 있지만 워낙 개인차가 심한 것이 오늘날 우리 영어 교실의 현실인 만큼 잘 하는 학생은 잘하는 대로 그 수준에서 할 수 있도록 해주는 것이 필요하기 때문이다. 아래에 제시된 〈예시 2〉도 같은 종류이다. 다만 질문하는 내용이 다르고 따라서 쓰기 부분에서도 내용이 다를뿐이다.

〈예시 2〉

◈ 자신이 원하는 친구 3명에게 표에 있는 질문에 대해 묻고 친구의 답을 표에 적으세요. 표에 있는 질문 외에도 궁금한 것이 있으면 질문하세요.

Friend's Name / Questions	☺ 1__	☺ 2__	☺ 3__
Did you oversleep this morning?			
When did you get up this morning?			
When did you have breakfast?			
When did you start for school?			
When did you arrive at school?			
Were you late for school?			

☺_______ (overslept/did not oversleep) this morning. He got up at. ____ He had breakfast at ______ (or He skipped his breakfast.) Then he started _____ ______ at ___. He _______ ____ school at _______. He (was/was not) late for school.

◈ 위의 내용을 다시 써 보세요.

____

____

____

____

◈ 아래의 하루 일과표에 자신의 경험에 맞게 시각을 적어 넣으세요. 그리고 그것을 바탕으로 자신의 하루 일과에 대해 써보세요.

What you do	*Time*
get up & wash	
have breakfast	
start for school	
arrive at school	
have lunch	
come back home	
watch T.V./play computer games	
do my homework	
go to bed	
Other	

* at, around, after, before

◈ 위 일과표 내용 외에도 쓰고 싶은 부분이 있으면 첨가하여 자유롭게 자신의 하루 일과에 대해 써보세요.

____
____
____
____

2-3. 주변 인물에 대해 쓰기

〈예시〉

◈ 아래 제시된 것은 여러분이 사람에 대해 묘사할 때 사용할 수 있는 어휘들입니다. 이 어휘들과 여러분이 알고 있는 다른 어휘들을 사용하여 여러분 주변 인물들 몇 사람에 대해 아래 표에 간단히 기록해 보세요.

〈Shape〉
tall, short, thin as a rail, underweight, overweight, slim, fit, fat, obese, just right, flat-chested, plump, pleasantly plump, chubby, well-proportioned, medium-build, stout, etc.

〈Face〉
light skin, olive skin, dark skin, round-faced, oval-faced, square-faced, thin-faced, long-faced, angular features,
a face with traditional Korean features, a face with western features, wear make-up, etc.

〈Personality/Character〉
honest, frank, strong, human, compassionate, instinctive, charming, unique, optimistic, pessimistic, cooperative, positive,

negative, patient, conscientious, open-minded, straightforward, generous, punctual, strict. self-critical, clever, sharp, reliable, dependable, sincere, loyal, faithful, curious, wise, powerful, capable, talented, efficient, careful, placid, precise, introvert, extrovert, out-going, etc.

〈Appearance〉
glamorous, simple, smart, tidy, handsome, lively, pleasant, cheerful, beautiful, pretty, nice-looking, good-looking, cute, sweet, a bright face, stylish, chic, fashionable, up to date, trendy, calm, mellow, tough, macho, energetic, sexy, asexual, elegant, masculine, feminine, snobbish, manly, sensual, etc.

Who	Age	Job	Personality	Appearance	Other
My aunt	32	English teacher	diligent & out-going	Over-faced tall & fit wear glasses	single good singer

◈ 위 표에 기록된 인물들 중에서 한 사람을 선정하여 좀 더 상세히 써보세요. 아래에 보기를 제공하였으니 참고하세요.

My Aunt

My aunt is a 32 year old English teacher. She teaches middle school students. She is very diligent and outgoing. She gets up early at 5:00 every morning and goes out to exercise. She has many friends and likes to meet them every weekend. She is a good singer and she looks great, too: she is oval-faced, tall and fit. But she is a little short-sighted and wears glasses. She works very hard and she seems to enjoy it. She is still single. But my grandma wants her to get married before it gets too long and I do, too.

위의 예시도 물론 시간이 걸리는 쓰기 활동이니만큼 교실에서 하기보다는 숙제로 집에서 해 오게 하는 편이 낫다. 더구나 묘사하고자 하는 사람에 대해 생각을 하거나 정보를 얻는 게 필요할 수도 있기 때문에 더욱 그러하다. 일단 집에서 숙제를 해오게 하고 수업 시간에는 발표를 하게 하는 편이 시간 절약을 위해서도 좋을 것이다.

2-4. 급우의 좌석 위치에 대해 쓰기

〈예시〉

◈ 아래 그림은 여러분의 영어 교실 좌석 배치도입니다. 나를 중심으로 주변에 어떤 친구가 앉아있는지 이름을 쓰세요. 친구들 이름은 한글로 쓰면 됩니다.

	Teacher		
☺ S1	☺ S2	☺ S3	☺ S4
☺ S5	Me	☺ S7	☺ S8
☺ S9	☺ S10	☺ S11	☺ S12
☺ S13	☺ S14	☺ S15	☺ S16

◈ 이번에는 나를 중심으로 누가 어디에 앉아 있는지 좌석 배치에 대해 글로 써보세요. 아래에 있는 글은 여러분이 참고할 수 있는 보기입니다.

> This is my English class. Our English teacher is Miss Kim. She is in front of the class. She is a really good teacher. There are 16 students in the class. (S2) is sitting in front of me. (S10) is sitting behind me. (S5) is sitting on my left. (S7) is sitting on my right. I like my classmates. They are good students. They all study English very hard.

____

____

____

____

위 예시도 가능하면 학습 활동을 학습자 중심으로 만들기 위해 노력한 경우이다. 이 쓰기 활동의 결과물도 학생마다 자신을 중심으로 글을 썼기 때문에 똑같은 것이 나올 수가 없다. 바로 의사소통중심 수업에서 추구하는 바이다.

2-5. 학교생활에 대해 쓰기

〈예시〉

◈ 여러분은 학교생활에 대해 만족합니까? 만족스러운 부분과 그렇지 않은 부분에 대해 아래 표에 간단하게 핵심 부분만 써보세요. (참고로, 여러분이 생각을 해볼 수 있는 항목에는 학교의 위치, 학교 정책, 시험, 교사들, 숙제, 등하교 시각, 점심 식사, 과외활동 등 다양한 항목들이 있습니다.)

School Life	
Likes	Dislikes
____________	____________
____________	____________
____________	____________
____________	____________
____________	____________

◈ 여러분의 불만족스런 부분이 개선되기 위해서 학교에서 여러분에게 무엇을 해주면 좋겠는지, 그 외 무엇이 필요한지 등에 대해 항목별로 솔직하게 적어보세요.

① ____________

② ____________

③ ____________

④ ____________

위의 예시는 학생들의 현실 경험에 대해 글을 쓰게 하는 활동인데, 학생들의 평소 경험에 대해 쓰게 함으로써 보다 의미 있는 쓰기 활동이 될 수 있다. 교실에서 쓰기에는 시간이 걸리므로 숙제로 내는 게 좋을 것이다. 학생들을 돕기 위해서 모델 텍스트를 교사의 웹페이지에 올려주는 노력이 필요하다.

2-6. 가까운 사람에게 카드 쓰기

〈예시〉

◈ 자신이 좋아하는 사람에게 신년 카드를 써보세요. 예쁜 그림을 직접 그리거나 인터넷에서 구해서 넣어도 좋겠습니다. 아래에 제시되어 있는 카드는 하나의 보기입니다.

* * * * * * * * * *	*January 1, 2014* *Dear Chang-Sook,* *Happy New Year!* *Are you having a good time?* *I feel really bored there days.* *I want the vacation to be over soon.* *I miss you a lot. See you!.* *Love,* *Chul-Su*

	______________________ ______________________ ______________________ ______________________ ______________________ ______________________ ______________________

위 예시는 초등학생 수준의 글이지만 나이가 더 많은 학생들에게도 같은 활동은 얼마든지 적용될 수 있다. 그리고 카드의 종류도 신년 카드만이 아니라 생일 카드나 크리스마스 카드 등, 학생들의 목적에 따라 다른 것을 만들게 할 수도 있을 것이다. 학생 개인의 취향에 맞게 그림까지 넣게 함으로써 학생들의 흥미를 한층 돋울 수 있다. 쓰기 활동이 모두 끝난 뒤에 개인에 의해 완성된 그림들을 전시한다면 더욱 흥미로울 것이다.

2-7. 장차 하고 싶은 일에 대해 쓰기

〈예시〉

◈ 아래 표에 수능시험이 끝나고 여러분이 하고 싶은 일은 무엇인지 우선 순위별로 적어보세요.

<u>After the CSAT (College Scholastic Ability Test)</u>

Priority	I'd like to . . .
1	
2	
3	
. . .	

우리나라 고등학생들의 경우에는 수능시험이 끝나고 하고 싶은 일들이 많을 것이다. 이를 바탕으로 쓰기 연습을 시켜보는 것도 좋을 것이다. 역시 이 활동도 교실에서 바로 하기에는 시간이 많이 걸린다. 왜냐하면 학생들이 무엇을 하고 싶은지 아직 생각을 해보지 않은 경우에는 생각을 하느라 시간을 써야 할 수도 있기 때문이다. 역시 이런 쓰기는 숙제로 내고 수업 시간에는 그 내용을 발표하게 하는 것이 좋다.

2-8. 불만 사항에 대한 편지 쓰기

〈예시 1〉

◈ 상황 소개: 당신은 Radio Shack이란 가게에서 라디오를 하나 샀습니다. 하지만 집에 가서 사용해보니 원하는 방송이 나오지 않았습니다. 그래서 소비자 서비스과(Customer Service Department)에 있는 매니저에게 제품 교환 또는 한불을 요구하는 편지를 쓰고자 합니다. 편지에 누가, 언제, 어디서, 무엇을, 왜, 어떻게 등에 대한 정보를 포함시켜야 합니다. 기본적인 사무용 편지의 격식을 갖추어 적절한 어조로 글을 쓰세요.

각 학생들은 자신의 불만 사항에 대해 설명하는 편지를 쓰게 되는데, 편지 내용에는 자신이 구매한 상품의 불만 사항에 대한 기술과 요구 사항 등을 편지 형식에 맞게 쓸 수 있어야 한다. 구체적으로 다음 사항들이 포함되어야 한다.

* who (편지를 보내는 사람에 대한에 대한 정보, 예를 들면 학생이라든지, 가정주부라든지 등을 기술)
* what (어떤 상품을 구매했으며 문제가 무엇인지에 대한 기술)
* where (어디서 상품을 구매했는지에 기술)
* when (언제 상품을 구매했으며 언제 문제가 발생했는지에 대한 기술)

* why/how (어떻게 또는 왜 그 문제가 발생했는지에 대해 안다면 그 에 대한 기술)

이 활동을 위해서 교사는 다음과 같이 사무적인 편지글의 기본 형식에 대해 미리 가르침으로써 학생들이 그 형식에 따라 글을 쓸 수 있도록 도와주어야 할 것이다.

name of sender
address of sender
date

salutation

〈body of letter〉

closing,
signature

위와 같은 사무적인 편지글뿐만 아니라 다른 형식의 편지글도 소개함으로써 학생들이 편지글에 대해 익숙해질 수 있도록 도울 필요가 있다. 다음은 또 다른 편지글의 예로서 학생들이 글을 읽고 그 내용에 대해 제시한 바와 같은 쓰기 활동을 할 수 있을 것이다.

〈예시 2〉

Oct. 29, 2013

Dear Dr. Johanna DeStefano,

How do you do?
I am Eunjung Park, a graduate from OSU long ago and now a professor in the Department of Music at Hankook National University in Busan, Korea.
It is my greatest honor to have this opportunity to write to you a letter of support for Dr. Atkinson, my former advisor and my mentor.I was very delighted to hear the news that Dr. Atkinson has been nominated at OSU for the honorable award entitled "Distinguished University Professor" and wished that he would be the receiver of the award.
Dr. Atkinson has been my mentor as well as my academic advisor ever since I entered the graduate program at OSU. As a dedicated teacher and as a great scholar, he has been a role model for the students. He showed what a teacher and a scholar should be like, devoting himself to guiding and helping the students to maximize their achievement. With his guide and help I could finish my study successfully, achieving a tremendous academic growth, which definitely has been the foundation for my career today.

When I look back the time I spent at OSU, it is always Dr. Atkinson who first occurs to me. I was very lucky to have him as my advisor and have always thanked for the luck. Time has flown since I left OSU, but thanks to Dr. Atkinson I always enjoy recollecting those days that I spent at OSU.

I have no hesitation in speaking in the highest terms with regard to his dedication as a teacher and his greatness as a scholar and I strongly believe that he deserves the award. I would appreciate it very much if you could deeply consider him for the award and make his students' wish come true. I am very confident that you would be satisfied with the positive decision you make on him. Thank you very much!

Yours very truly,

Eunjung Park

Eunjung Park, Ph.D.
Professor
Department of Music
College of Arts
Hankook National University

◈ 위 편지의 내용에 대해서 다음 사항을 포함해서 간단하게 요약해서 쓰세요.

1) Who is writing the letter?
2) Who is Dr. Browning?
3) Who is Dr. DeStefano?
4) What's the purpose of the letter?
5) What is the relationship between Prof. park and Dr. Browning?
   etc.

____

____

____

____

2-9. 알뜰 시장을 위한 광고문 쓰기

〈예시〉

◈ 이번 주말에 우리 학교에서 개최될 알뜰 시장에 여러분 모두 최소 한 가지씩 쓰던 물건을 가지고 와야 합니다. 자신이 내다 팔 물건에 대해 선전하는 광고문을 작성하세요. 광고문에는 다음 사항을 포함시켜야 합니다. 그리고 매력적인 광고를 위하여 그림을 포함시켜도 좋겠습니다.

1) What are you going to sell? 2) How long did you use it? 3) How much did you pay for it? 4) What is good about it?

위의 예시는 자신의 경험을 바탕으로 쓸 내용을 자신이 직접 선택하여 쓰기를 하는 과제이다. 이와 같은 쓰기 과제를 학생들이 제대로 하게 하기 위해서 교사는 광고문의 특징에 대해 학생들에게 가르칠 필요가 있으며, 자신의 웹 사이트 등을 통해 다음과 같이 학생들이 참고할 수 있는 광고문의 모델을 제공할 필요가 있다.

♧ ***Great Chance to Save Your Money!*** ♧

B B   *Almost new!*
I I   *Only 1 Year Old*
C C
Y Y   *Test Riding Possible*
C C
L L   ▷paid: ₩150,000
E E   ▶Asking: ₩69,000

Don't miss this great chance!

(Call Min-ho: 234-5678)

☆★☆★☆★☆★☆★☆★☆★☆★☆★☆★☆★☆★☆★☆

Do You Like Dolls?

Look at this panda.

Isn't this cute?

I paid ₩10,000 last year.

But now it's Only ₩1,000!

☆★☆★☆★☆★☆★☆★☆★☆★☆★☆★☆★☆★☆★☆

(Min-Jung) 011-234-5678

2-10. 일상생활 속의 활동을 시리즈로 쓰기

〈예시 1〉

◈ 다음 액션시리즈의 빈 칸에 해석과 맞게 알맞은 단어를 적어 넣으세요.

Fixing Dinner

1. You are going to _____ dinner for your family.
2. ________ the rice, wash it and cook it.
3. Take out a ______ fish from the freezer.
4. ______ the fish in the microwave oven.
5. Set the timer and have it ______.
6. ______ it out.
7. _____ some water over it and rinse it.
8. ____ it with the kitchen towel.
9. Fry it in the ______ pan.
10. It's done. ______ some salt over it.
11. The soup has ______ in the mean time.
12. Take out other _____ dishes from the refrigerator.
13. ______ the table and enjoy your dinner.

1. 당신은 가족을 위하여 저녁식사를 만들려고 합니다.
2. 쌀 양을 재고 씻어서 밥을 지으세요.
3. 냉동실에서 냉동된 생선을 한 마리 끄집어내세요.
4. 생선을 전자레인지에 넣으세요.
5. 시간을 정해서 그것을 녹이세요.
6. 그것을 끄집어내세요.
7. 그것 위로 물을 흘려보내서 헹구세요.
8. 키친 타올로 그것의 물기를 없애세요.
9. 프라이팬에서 그것을 프라이하세요.
10. 다 됐습니다. 위에 소금을 좀 뿌리세요.
11. 그동안에 국이 다 끓었네요.
12. 냉장고에서 다른 반찬들도 끄집어내세요.
13. 식탁을 차리고 저녁식사를 즐기세요.

◈ 위의 액션시리즈를 참고로 하여 만약 당신이 가족을 위해 저녁 준비를 한다면 어떻게 할지 행동을 순서대로 묘사하는 글을 써보세요.

____

____

____

____

____

〈예시 2〉

The Alarm Clock

1. Your alarm clock didn't go ____ this morning.
2. What's _______?
3. ______ up the clock and check it _____.
4. Everything looks just fine but it doesn't ______.
5. Oh! It ______ be the battery!
6. The battery was changed quite a long _____.
7. Go _____ a new battery.
8. _______ off the battery cover.
9. Take _____ the old battery and ___ in the new one.
10. Check _____ the clock works.
11. Yes, it _______!
12. Now, put the battery cover _____ on.
13. _______ the old one into the used battery box.

---

1. 오늘 아침 당신의 자명종이 울리지 않았어요.
2. 무엇이 잘못되었을까요?
3. 시계를 집어 들고 이리저리 살펴보세요.
4. 모두 괜찮은 것 같은데 시계가 안 가네요.
5. 아! 건전지 때문임에 틀림없어요!
6. 건전지를 꽤 오래 전에 교환했거든요.
7. 가서 새 건전지 하나 가져 오세요.
8. 건전지 커버를 떼어 내세요.
9. 오래된 건전지를 빼내고 새 것을 끼우세요.
10. 시계가 가는지 보세요.
11. 예! 가네요.
12. 이제, 건전지 커버를 도로 씌우세요.
13. 헌 건전지는 다 쓴 건전지 박스에다 버리세요.

◈ 만약 당신이 아침에 늦잠을 자서 학교에 지각을 하게 되었다면 어떻게 행동할지 순서대로 글로 써보세요.

____

____

____

____

____

액션시리즈는 학생들의 일상생활 속의 경험을 시리즈로 만들 수 있어서 그 표현들이 학생들에게 매우 친근할 뿐만 아니라 기억하기에도 쉽다. 따라서 말하기 지도 자료로서 뿐만 아니라 쓰기 지도 자료로서도 활용가치가 높다고 생각된다. 모든 수준에 두루 쓸 수 있는 자료이기는 하지만 학생들의 수준에 따라서 시리즈에 들어갈 문장의 수나 각 문장의 단어 수, 그리고 어휘의 난이도를 조절하는 게 필요하다.

3. 텍스트를 활용한 쓰기 지도의 예시

통제 작문에서는 모델 텍스트를 제공하여 학생들의 어려움을 덜어줄 수 있는데, 이 때의 모델 텍스트는 반드시 문자언어이어야 할 필요는 없다. 음성언어 텍스트나 문자언어 텍스트 모두 쓰기 활동에 활용될 수 있다. 몇 가지 예를 들자면 아래와 같다.

3-1. 문장 순서 바로 하여 글쓰기

◈ 다음 활동은 8명의 구성원들을 위한 모둠 활동입니다. 각자 한 문장씩을 가지고 자신의 문장을 구성원들에게 보여주지 말고 말해주세요. 그리고 구성원들은 그것을 바탕으로 스토리를 재구성하는 것입니다.

〈The Student Who Overslept〉

My friend usually gets up at 7:00.
At 8:00 he had his breakfast quickly.
But this morning he slept until 7:30.
Then he ran out of the house for school.
When he woke up, he jumped out of bed.
He arrived at school just in time for class.
First he washed and then he got dressed.
But during the class he fell asleep again.

(Source: Yorkey, R. (1985). *Talk-a-Tivities*. U.S.A. Addition-Wesley Publishing Company, Inc.)

◈ 다음 문장들을 번호를 빈칸에 씀으로써 순서대로 배열하세요.

〈The Student Who Overslept〉

First he washed and then he got dressed.	(4)
But during the class he fell asleep again.	(8)
My friend usually gets up at 7:00.	(1)
Then he ran out of the house for school.	(6)
When he woke up, he jumped out of bed.	(3)
At 8:00 he had his breakfast quickly.	(5)
But this morning he slept until 7:30.	(2)
He arrived at school just in time for class.	(7)

◈ 위에서 번호 매긴 순서대로 문장들을 써보세요.

____

____

____

____

____

〈예시 2〉

Montreal for Christmas (Strip story for 7 students)

Mr. and Mrs. Jones are canadians who live in Miami.	( )
The customs official looked at their Florida license plate.	( )
They often drive back to Canada for holidays.	( )

It was snowing hard when they finally reached the U.S. border.	( )
One day they decided to drive up to Montreal for Christmas.	( )
"You can go through without a customs inspection," he said.	( )
"Anyone dumb enough to leave Florida at this time of year can't be smart enough to smuggle anything."	( )

(Source: Yorkey, R. (1985). *Talk-a-Tivities*. U.S.A. Addition-Wesley Publishing Company, Inc.)

◈ 빈 칸에 번호를 씀으로써 문장들을 순서대로 배열하여 스토리를 만드세요. 그리고 모든 직접화법을 간접화법으로 바꾸어서 스토리를 다시 쓰세요.

스트립 스토리(strip story)는 원래 말하기를 연습하기 위한 모둠활동 자료로 만들어진 것이다. 각 모둠 구성원들은 각자 자기가 가진 문장을 모둠 구성원들에게 보여주지는 않고 대신 외워서 말해준다. (만약 그것이 다소 어렵다고 생각되면 문장을 보고 읽어주게 하는 것도 괜찮다.) 그리고 나서 구성원들끼리의 협동을 통하여 스토리를 구성하기 위해 문장들을 순서대로 배열해야 하는 활동이다. 하지만 이와 같은 말하기 모둠 활동 후에도 위의 예시들처럼 개인 활동으로 쓰기 연습을 하는 데 사용할 수도 있을 것이다. 아직 스스로 문장을 만들 능력까지는 없는 학습자에게도 사용할 수 있는 쓰기 활동이다. 마약 학습자 수준이 더 높다면 이 스토리에서 그 다음에 일어날 수 있는 일에 대해 다음과 같이 글로 써보라고 요구할 수도 있을 것이다.

◈ 그 다음에는 어떤 일이 일어났을지 상상해보고 그에 대해 글로 써보세요.

____

____

____

____

3-2. 들은 내용에 대해 글로 다시 쓰기

〈예시 1〉

◈ 다음 그림들을 차례로 보면서 녹음 내용을 들으세요. 메모를 해서는 안 됩니다. 그냥 듣기만 하세요. 두 번 연속 들려드리겠습니다.

(Source: Heyer, S. (1989). *Picture stories for beginning communication.* Englewood Cliffs, NJ: Prentice Hall.)

(Script)

The test
A student got a zero on a test. "Why did you give me a zero?" he asked the teacher. "Most of my answers are correct." "Yes, but you copied Mary's answers," the teacher said. "That's true," the student said. "How did you know?" "Well," said the teacher, "Your answers and Mary's answers are the same. Only answer number seven is different. Mary wrote 'I don't know,' and you wrote 'I don't know, either.'"

◈ 자, 이제 방금 들은 내용을 적으세요. 여러분의 기억을 돕기 위해 핵심 단어들을 칠판에 제시하였으니 참고하세요.

[칠판에 적은 스토리의 핵심 단어들]
student, zero, test, teacher, answers, correct, how, Mary's, the same, copied, only, different, either

The Test
____
____
____
____

위의 예는 듣고-작문하기(dicto-comp) 활동으로서 듣기와 쓰기의 통합지도의 한 예이다. Dicto-comp는 받아쓰기(dictation)와 작문(composition)의 합성어로서 학생들은 교사가 말해주는 내용을 듣고

그 내용에 대해서 쓰는 활동이다. 하지만 기억력이 완벽하지 않는 한 학생들은 모든 내용을 원본에 있는 글자 그대로 듣고 기억해내기란 힘든 것이며, 따라서 들은 내용에 대해 자신의 언어로 작문을 하는 것이 부분적으로 필요하게 된다. 듣고-작문하기의 과정을 간단히 소개하자면, 교사는 어떤 단락의 글을 평상 속도로 두 번 혹은 세 번 읽어주고 학생들로 하여금 교사가 읽어준 내용을 최대한 기억하면서 그 단락을 다시 쓰게 하는 것이다. 이 과정에서 교사는 학생들의 어려움을 덜어주기 위해 글을 읽어 준 뒤 글 내용에 나오는 순서대로의 핵심 단어들을 칠판에 적어줄 수 있다. 하지만 듣기 과정에서 학생들이 메모를 하는 것은 허용되지 않는다.

〈예시 2〉

◈ 해당 상품 그림에 메모를 하면서 다음 내용을 들으세요.

(script) Grocery Shopping

1. This turkey weighs 14 pounds.
2. The market is open until 10:30PM.
3. We spent $40 on groceries yesterday.
4. This milk is good until November 13th.
5. Those peaches cost $1.90 a pound.
6. Everything in this store is about 15 percent cheaper today.
7. My daughter is getting married. I need 30 bottles of champagne.
8. Please hurry up. The store will close in 15 minutes.
9. By using the coupon, you can save 70 cents on this ice cream.
10. Canned vegetables are on aisle 19.

(Source: Tanka, J., & Most, P. (1989). *Interactions one: A listening/speaking skills book*. New York, NY: McGraw-Hill.)

◈ 메모한 내용을 바탕으로 한국어 뜻에 맞게 다음 문장들을 완성하세요.

1. This turkey ___________________.

   (이 칠면조의 무게는 14 파운드입니다.)

2. The market is ___________________.

   (이 시장은 오후 10시30분까지 문을 엽니다.)

3. We spent ________________ yesterday.

   (어제 장보는 데 40달러를 썼습니다.)

4. This milk _____________ November 13th.

   (이 우유는 유효기간이 11월 13일까지입니다.)

5. Those peaches ___________________.

   (저 복숭아들은 파운드 당 1달러 90센트입니다.)

6. Everything in this store is ____________________ today.

   (이 가게의 모든 것이 오늘은 15%가량 쌉니다.)

7. My daughter ______________. I need 30 bottles of champagne.
   (제 딸이 결혼을 합니다. 30병의 샴페인이 필요합니다.)

8. Please hurry up. The store will ____________________.
   (서둘러 주십시오. 15분 있으면 가게가 문을 닫습니다.)

9. By using the coupon, you can _______________________.
   (쿠폰을 사용하면 이 아이스크림 가격을 70센트 절약할 수 있습니다.)

10. Canned vegetables are _________________.
    (깡통 야채는 19번 통로에 있습니다.)

위 예시 역시 듣기와 쓰기를 통합한 경우이다. 녹음 내용을 들으면서 그림에 메모를 할 수 있고 또한 그림에 글이 포함되어 있기 때문에 문장을 쓰는 데 도움이 된다. 비교적 쉬운 활동으로 초보자에게도 적절하다.

3-3. 그림 내용에 대해 쓰기

〈예시 1〉

◈ 짝과 함께 서로의 그림을 상대방에게 묘사해주면서 그림을 그리세요. 그림을 보여주면 안 됩니다. 상대방이 그림을 묘사하는 동안 언제든지 질문을 할 수 있습니다.

<u>Drawing a Picture</u>

A.

	Listen & Draw

B.

위 그림들은 원래 짝 활동으로 듣고 말하기 연습을 위해서 만들어진 자료이다. 학생들은 짝끼리 자신이 가진 그림을 상대방에게 말로 묘사하고 상대방은 들은 대로 그림을 그리는 활동이다. 하지만 위의 말하기 활동을 할 수 있기 위해서는 스스로 문장을 만들 수 있는 능력이 있어야 하는데, 아직 학생들 수준이 낮을 경우에는 아래 자료와 같이 교사가 문장을 제공하고 학생은 빈칸에 들어갈 단어만 보기에서 찾게 할 수도 있다.

roof, fence, bird, dog, bike, tree, car, lake

빈칸을 채우고 난 뒤에 짝에게 문장들을 읽어주게 하면 그림을 스스로 묘사하는 것보다 훨씬 수월하게 된다. 짝이 읽어주는 대로 그림을 그리고 난 뒤에는 자신이 그린 그림에 대해 각자 써보게 함으로써 쓰기 활동과 연관 지을 수 있다.

A. 〈Fill in the blanks & read the sentences to your partner.〉

1. There is a bird on the _______.
2. There is a big _____ beside the house.
3. There is a _____ under the tree.
4. There is a _______ around the lake.
5. There are three fish in the _______.

〈Listen & Draw〉	〈Write about the picture.〉 1. ____________________ 2. ____________________ 3. ____________________ 4. ____________________ 5. ____________________

B. 〈Fill in the blanks & read them to your partner.〉

1. There is a ______ in front of the house.
2. There are two birds on the ________.
3. There is a ______ on the tree.
4. There is a ______ between the trees.
5. There are three fish in the ________.

〈Listen & Draw〉	〈Write about the picture.〉 1. ____________________ 2. ____________________ 3. ____________________ 4. ____________________ 5. ____________________

〈예시 2〉

◈ 그림에서 주어진 문장에 해당하는 부분을 찾으세요.

Sentence-Picture Matching

Match the statements below with what they identify in the picture. Find the number or numbers that go with each statement. Write the numbers on the line next to the statement. (Note: Some statements may be matched with more than one person, and a person may be matched with more than one statement.)

(Source: Olsen, J. W. (1984). Look again pictures. Englewood Cliffs, NJ: Alemany Press.)

_____a. They are injured.
_____b. She is pregnant.
_____c. They are busy.
_____d. They are at work.
_____e. She is being measured.
_____f. She is filling out forms.
_____g. She is on the phone.
_____h. It means "no smoking."
_____i. He has a broken arm.
_____j. He is the doctor's assistant.
_____k. She is writing for the patient.
_____l. He has a problem with his leg.

위 자료는 원래 어휘 지도를 위한 것이지만 어휘 학습 활동이 끝난 다음에는 이를 바탕으로 다음과 같이 문장 쓰기 활동으로 연결시킬 수도 있다.

◈ 그림 속에 있는 사람이나 사물에 대해 글로 쓰세요. (이 때는 그림만 보여 준다.)

① ______________________________.
② ______________________________.
③ ______________________________.
④ ______________________________.
⑤ ______________________________.
⑥ ______________________________.
⑦ ______________________________.
⑧ ______________________________.

또는 그림 전체를 묘사하는 글을 쓰게 할 수도 있을 것이다. 이 때 필요한 것은 글에 포함되어야 할 사항을 구체적으로 제시하는 것이다. 교사가 질문을 제시함으로써 그에 대한 답이 텍스트가 되도록 하면 글 쓰는 데 도움이 될 것이다. 예를 들면 다음과 같다.

◈ 그림을 영어로 글로 묘사해 보세요. 글에는 다음 질문들에 대한 답이 포함되어야 합니다.

Q1: Where are these people?

Q2: What are the problems of the patients?

Q3: Who are those helping the patients? What are they doing?

____

____

____

____

____

3-4. 신문 광고 내용에 대해 쓰기

〈예시〉

◈ 일자리를 찾고 있는 친구에게 다음 신문 광고에 대해 소개한다고 가정하세요. 신문 광고는 약어가 많습니다. 친구에게 소개하는 글을 쓸 때에는 모두 완전한 철자로 문장을 쓰세요. 아래 첫 번째 광고로 보기를 만들었으니 참고하세요.

1. HELP WANTED
WANTED. Car park attendant. Must be excellent driver with experience with a wide range of vehicles. Work in shifts, 40 hours per week, overtime available. Full pay during training. Call for details and application form, 555-8246 (24-hour answering service).
HOUSEKEEPER Buckhead home needs energetic, honest person to deep clean, laundry, and iron. 4days, cooking a plus. EXC refs & b'grd check done. 404-222-2772.
AFTERNOON CHILDCARE 4 days per wk. Loving, energetic, creative N/S wanted. Car and refs req'd. 404-222-2772. Ad no. 3363
PART-TIME evening work available in busy restaurant in Oakland. Friendly atmosphere. Ideal job for student. Call Richard after 6 p.m. at 921-8470.
SITUATIONS WANTED
ADMIN ASST My home ofc. Exc. comp. & bus. skills. Convenient use of E-mail, fax, pick-up & del. Spec. proj. and/or on going avail.
ELDERLY CARE Any shift, Can live in. Reference. Exp. Car. 770-981-9592; 770-996-5510.

EOE
DRUGS DON'T WORK!

완성된 쓰기 결과물의 예를 들면 다음과 같다.

They are looking for a car park attendant. You must be an excellent driver with experience with a wide range of vehicles. You work 40 hours per week in shifts. If you want to work more hours, overtime is also avaliable. They will train you but you will get a full pay during the training. If you need more details and an application form, you can call 555-8246. The answering machine is on 24 hours and you can call any time.

위의 보기는 학생들로 하여금 신문의 광고를 읽고 그에 대해 영어로 쓰게 하는 과제인데, 이 과제를 수행하는 과정에서 학생들은 약어(abbreviation)가 많이 들어간 광고문의 어휘와 문장들을 완전한 철자로 다시 쓰게 되며, 광고문에서 전달하는 의미를 자신의 문장으로 표현하는 연습을 하게 된다. 따라서 학생들의 쓰기 결과물은 기본 내용은 같을지라도 그 표현 방법에 있어서는 학생들마다 다르게 된다. 또한 개인의 언어 능력에 따라 문장의 수준도 당연히 다르게 나타날 것이지만 상관이 없다. 왜냐하면 쓰기는 개인적인 활동으로서 개인의 수준이 반영되는 것이 당연하며, 쓰기 능력의 향상도 그 수준에서 출발하여야 하기 때문이다.

3-5. 글의 구조를 파악하여 단락별 핵심 아이디어 찾아 쓰기

Getting Rich

There are at least four ways to get rich: winning money, earning money, inheriting money, and stealing money. By rich we mean having enough money so you never have to work for money again if you do not want to.

Winning money seems easy, but it really is not, and it often does not make you really rich. There are several ways to win money: betting or gambling, lotteries, and contests. Many countries have lotteries in which it is possible to win enough money to become rich, and many people have become rich winning a lottery. But you would have to be very lucky to win a lottery because so many other people are also trying to win and your chances are very small, often one in many million.

Earning money is the hardest way to get rich because it means you have to work, and you usually have to work hard or be especially talented or lucky or both. People who work regular jobs, such as taxi drivers, do not get rich, even if they save all of their money. That is because they do not make enough money during their lifetimes to be able to save enough. They may have money than their friends and co-workers, but they are not really rich.

A few rich men and women have earned their money by inventing something unusual or popular or by taking chances and being lucky. Sam Walton was one of the richest men in the United States. He was not from a rich family, and he had to deliver newspapers to pay his way through college. he started building small department stores that sold inexpensive items, and he quickly expanded them into a national chain of stores called Wal-Mart.

Most of the really rich people in the world have inherited some or all of their money. More than one-third of the richest people in the United States are rich because of a combination of inheriting money and earning it. Some heads of government are rich because their countries and families are rich and they have used their money and their position to make more money.

The richest person in the world is probably Sir Mudo Hassanal Bolkia, the Sultan of Burnei a small country in the Southeast Asia. Brunei gets almost all of its income from oil, and with a population of only about 200,000 people and a cash reserve of more than $30 billion, each citizen of Brunei has a very high income.

No one knows for certain just how much money the Sultan has, but he did not inherit his money or earn money, and he did not steal or win it. The Sultan is a special case, because he is a head of state, a ruler. He is also the prime minister and finance minister. The wealth of the country and the power of the Sultan and his family have combined to make Sultan the world's wealthiest person. The Sultan, however, is a very shy and secretive person, and little is known about his private life or the exact amount of money he has.

Some people try to get rich by stealing money. We do not know how many people become rich this way because successful criminals usually do not advertise the fact that they stole money and are now rich. They usually choose to live privately and quietly.

A group of men who tries to become rich by stealing money was the group who took part in the Great Train Robbery in England on August 6, 1963. About fiftenn men took part in the robbery of a mail train, and they got away with about $7 million in cash (2,631,684 British pounds). After they divided it, each man got about $150,000. Eventually all of the men were caught and put in jail, although much of the money they got was spent or lost.

One of the men, Ronald Biggs, became famous because, although he was arrested for the crime, he escaped from jail and ran away to Australia. he lived there with his wife and children for four years until he was discovered. He then ran way to brazil, and the british police were not able to get him out of Brazil. Biggs never got to use much of the money he stole. Much of it he spent trying to get out of England, and the rest he left behind. After leaving England, he lived mostly on money that he earned from working at many different jobs, including house painting. For this famous criminal, trying to get rich by stealing money was not successful.

(Source: Krahnke, K. (1996). *Reading Together* (2nd ed.). New York: St. Matin's Press, Inc.

◈ 위의 글을 도식화 하면 아래와 같이 나타낼 수 있습니다. 번호는 문단을 나타냅니다. 각 문단에 해당하는 핵심 아이디어를 도식 아래의 빈칸에 써 넣어 봅시다. 일부는 보기로 이미 주어져 있습니다.

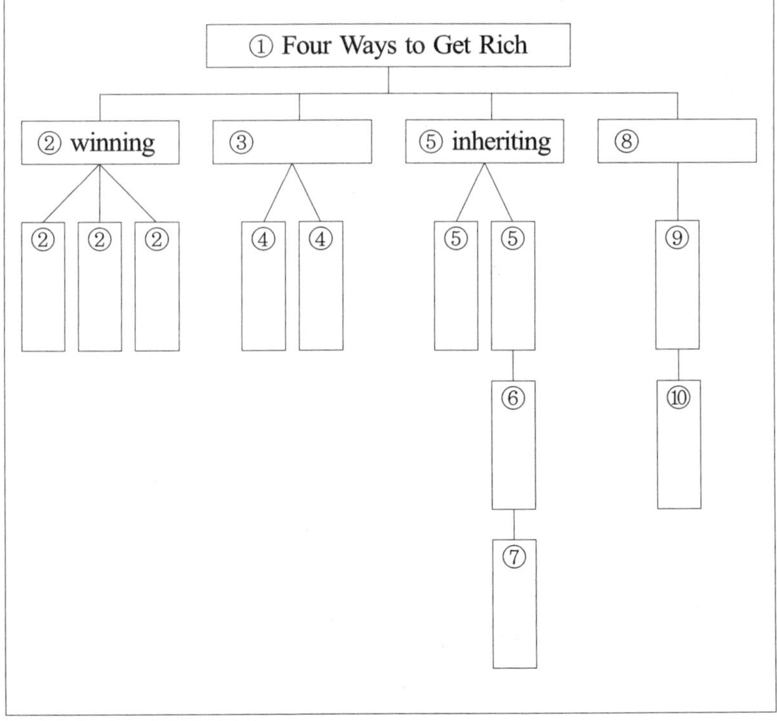

① Four Ways to Get Rich

② winning money

③

④

⑤ inheriting money

⑥

⑦

⑧

⑨

⑩

위 예시는 글의 구조에 대해 연습할 수 있는 자료이다. 문의 구조를 파악하기 위한 학습 자료는 대체로 지문이 길다. 따라서 언어 수준이 어느 정도 있는 학생들에게 사용하는 것이 바람직하다.

3-6. 자신의 스트레스에 대해 쓰기

〈예시 1〉

◈ "Symptoms of Stress" 라는 제목에 대한 글을 읽고 아래 질문에 대한 답을 쓰세요.

Psychological stress can have damaging effects on the body. Especially if stress is prolonged and repeated, or chronic, this can contribute to the development of diseases such as hypertension (high blood pressure). The increased cortisol associated with stress can decrease the activity of the immune system enough to reduce the body's resistance to infection and can worsen the symptoms of diabetes. Like this, physical symptoms are usually the first warning sign that stress is starting to become overwhelming.

Some common symptoms of stress are: headaches, neck or back pain, digestive problems, changes in appetite, changes in sleep, shaking or trembling, muscle cramps, or tension. Emotional symptoms, such as feelings of hopelessness, irritability, and anger, are also common stress symptoms. There are also behavioral symptoms, like isolating oneself.

Source: http://www.innerhealthstudio.com

Q1. Have you ever experienced stress? When and why?

A: ______________________________

Q2. What are your physical symptoms of stress?

A: ______________________________

Q3. What do you usually do to beat your stress?

A: ______________________________

◈ 위의 질문에 대한 답을 바탕으로 하여 자신의 스트레스에 대해 글을 써보세요.

About my stress

____

____

____

지문의 길이와 내용을 보아도 알겠지만 위의 예시 역시 언어수준이 어느 정도 되어야 글도 이해할 수 있고 쓰기도 할 수 있다. 모델 텍스트를 제공함으로써 학생들은 자신이 쓸 글에 사용될 어휘나 표현들에 대한 도움을 받을 수 있다. 물론 이와 같은 글 쓰기는 시간적인 제약 때문에 교실에서는 하기 곤란한 활동이다.

〈예시 2〉

◈ 다음 그림을 보면서 스토리를 듣고 적당한 단어로 아래에 있는 지문의 빈칸을 채우세요.

letter	soldier
says	pictures
boy friend	puts
of	letter
back	take
want	are
away	

Source: Heyer, S. (1989). *Picture stories for beginning communication.* Englewood Cliffs, NJ: Prentice Hall.

Dear John

A young soldier is far ______ from home. One day he gets a _ from his girl friend. The letter ______:

Dear John,

I am sorry but I have a new ________. You have a very nice picture ____ me. Please send it _______. I ______ to give it to my new boy friend.

Maria

The ______ is mad. He asks his friends for _______ of women - aunts, sisters, girl friends, or cousins. He _____ the letter in a box. In the box he also puts a ______. The letter says:

Dear Maria,

Please ________ your picture. I can't remember which one you ________.

John

학생들의 수준이 낮을 경우에는 빈 칸에 들어갈 단어들을 보기에 제시해 주고 골라서 쓰게 할 수도 있을 것이다. 하지만 만약 학생들의 수준이 높을 때는 다음과 같이 직접 편지를 쓰게 하는 활동도 가능할 것이다.

◈ 만약 자신이 John의 입장이라면 여자 친구 Maria에게 어떤 내용의 편지를 쓸 것인지 아래에 적어 보세요.

____

____

____

____

____

3-7. 사회적 이슈에 대한 자신의 의견 쓰기

〈예시 1〉

◈ 교복에 대한 다음 글을 읽고 자신은 교복 착용에 대해 찬성과 반대 중 어느 쪽인지 결정한 뒤, 자신의 의견을 글로 써보세요.

School Uniforms

The experts for the Pro side of the debate believe that uniforms within the school system help children to focus more on learning and less on who is wearing what. School standardized attire may also relieve the pressure students feel trying to fit in. School officials also say that uniform systems improve safety. For example, students all dressed in similar clothing help school officials and teachers recognize if someone comes on campus who doesn't belong. Experts also believe mandatory use of such a dress code reduces violence/bullying within the school.

One of the strongest arguments on the Con side is the problem of self expression and individuality. Since self expression is an important part of a child's developmental process, some experts believe that forcing uniforms is detrimental to a child's development. The results of this system are often forcing students to find other, often less appropriate ways to express themselves. Experts also conclude that stripping children of individuality with the use of uniforms is another way to force all students into one mold, when they should be celebrating and embracing individuality. The experts believe that school uniforms do not truly prepare children for the real world in which they will continue to be judged by their appearances and the choices they make within their own lives.

Source:
http://www.ucdailynews.com/schools/Are-School-Uniforms-A-Good-Or-A-Bad-Idea-99797684.html

◈ 당신은 교복 착용에 대해 찬성입니까, 반대입니까? 그 이유를 쓰세요.

I am on the Pro (   )/Con (   ) side. (Check either one.)

⁂ Reasons:

1. ______________________________

2. ______________________________

3. ______________________________

etc.

◈ 이 문제에 대한 자신의 의견을 쓰세요.

My Opinion about School Uniform

____

____

____

〈예시 2〉

Pet as family Members

Recently the Associated Press Petside.com released a poll conducted over three days about people treating their pets like one of the family. Results from the poll showed:

1. Over half American pet owners consider their pet as much a part of the family as any human member.
2. 36% stated that their pets were part of the family, but not considered a full member.
3. 19% had bought their pets outfits.
4. Single people were more likely to consider their pets as full family members than married people.
5. Some single women considered their pets as surrogate children.
6. Approximately one quarter of those surveyed celebrate pets' birthdays.
7. About a third surveyed have their pets' names in family holiday cards.
8. Half of the dog owners surveyed and 40% of the cat owners polled gave their pets human food sometimes.

Source: http://petcare.suite101.com/article.cfm

Q: 당신은 애완동물을 가족의 일원으로 여기는 것에 찬성합니까, 반대합니까? 그 이유를 쓰세요.

For		Against	
1		1	
2		2	
3		3	
etc.		etc.	

위 예시들은 모둠 활동으로 듣고 말하기 활동을 한 다음에 하는 것이 좋다. 왜냐하면 그런 사회적 이슈에 대해서 개인 학생들 중에는 평소에 깊이 생각해 본 적이 없어서 별로 쓸 말이 없을 수도 있기 때문이다. 따라서 모둠 활동을 통해서 그 이슈에 대한 다른 학생들의 의견을 듣는 동안에 나름대로의 의견이 형성될 기회를 가질 수 있고 따라서 쓸 내용도 생기게 된다.

3-8. 실제 자료를 활용하여 주어진 상황에 대해 쓰기

〈예시 1〉

◈ 다음은 개인이 값을 지불할 때 사용하는 개인용 수표입니다. 수표를 잘 보세요. 수표를 사용하기 위해서는 어떤 정보를 기입해야 합니까?

Personal Check

Wilson, Linda
4747 30th Ave NE
Seattle, WA 98105

May 5, 2013

PAY TO THE
ORDER OF *University Bookstore* $ *150.25*

One hundred Fifty and 25/00 Dollars

FOR *books* *Linda Wilson*

◈ 이번엔 자신이 최근에 산 물건의 값을 수표로 지불한다고 생각하고 수표를 작성하세요.

____
____
____

__________ 2013

PAY TO THE
ORDER OF __________ $ __________

__________ Dollars

FOR __________ __________

〈예시 2〉

◈ 다음은 직업을 구하기 위해 작성하는 구직 지원서입니다. 자신이 직업을 구해야 한다고 가정하고 아래 구직 지원서에서 요구되는 정보를 기입하세요.

EMPLOYMENT APPLICATION

Date: ____________ ____________ ____________
(Month) (Day) (Year)

Name: ____
(First) (Middle Initial) (Last)

Social Security #: ________________________________

Address: ____
(Number) (Street) (Apartment)

____
(City) (State) (Zip Code)

Telephone: Home) ( ) - ____________________
Cel. Ph.) ____________________________

E-mail address: ____________________________

Work Experience: ____________________________

Education:

____

____

〈예시 3〉

◈ 다음 비행 스케쥴을 잘 보세요. 당신은 인천에서 Dallas 목적지까지 가는 경로로 다섯 가지 선택을 할 수 있습니다. 어떤 경로를 선택하고 싶습니까? 한 가지를 선택하여 그것에 대해 쓰세요. 보기가 제시되어 있습니다.

※ Seoul/Incheon (ICN) - to - Dallas Fort Worth[TX] (DFW)

	Flight #	Origin	Destination	Departure Time	Arrival Time
1	KE005	Seoul/Incheon (ICN)	Las Vegas[NV] (LAS)	01 JUN - 20:50	16:00
	AA1532	Las Vegas [NV] (LAS)	Dallas Fort Worth [TX] (DFW)	01 JUN - 18:20	22:50
2	KE011	Seoul/Incheon (ICN)	Los Angeles[CA] (LAX)	01 JUN - 20:00	14:45
	AA2454	Los Angeles [CA] (LAX)	Dallas Fort Worth [TX] (DFW)	01 JUN - 16:25	21:20
3	KE017	Seoul/Incheon (ICN)	Los Angeles[CA] (LAX)	01 JUN - 15:15	10:25
	UA5566	Los Angeles [CA] (LAX)	Dallas Fort Worth [TX] (DFW)	01 JUN - 12:11	17:10
4	KE001	Seoul/Incheon (ICN)	Los Angeles[CA] (LAX)	01 JUN - 20:00	14:45
	AA338	Los Angeles [CA] (LAX)	Dallas Fort Worth [TX] (DFW)	01 JUN - 17:25	22:20
5	KE061	Seoul/Incheon (ICN)	Los Angeles[CA] (LAX)	01 JUN - 21:35	16:35
	UA6296	Los Angeles [CA] (LAX)	Dallas Fort Worth [TX] (DFW)	01 JUN - 19:08	23:59

My Flight Schedule

I am going to Dallas Fort Worth on June 1. The flights I will take are KE005 and AA1532. I will leave Incheon on KE005 at 8:50PM and arrive in Las Vegas at 4:00PM local time. In Las vegas I have to transfer to AA1532 going to Dallas Fort Worth. The flight leaves at 6:20PM. That means I have to wait 2 hours and 20 minutes at Las Vegas airport. I will finally arrive at my destination at 10:50PM.

위의 예시들 모두 실제 자료(authentic material)를 활용한 쓰기 활동이다. 실제 자료는 학생들에게 학습 내용에 대해 보다 실감나는 자료가 될 수 있으므로 수준에 맞기만 한다면 가능한 많이 사용하는 것이 좋다. 실제 의사소통중심 수업에서 학자들이 강조하는 것 중의 하나가 바로 이러한 실제 자료를 사용해야 한다는 것이다. 하지만 학습자 요인, 환경적 요인 등, 여러 가지 요인들을 감안해야 하므로 늘 실제자료 사용만을 고집할 수는 없을 것이다.

3-9. 내가 사는 도시에 대한 정보 쓰기

〈예시〉

◈ 다음은 호주의 시드니라는 도시를 소개하는 지문입니다. 지문을 읽고 그것을 참고로 하여 내가 사는 도시를 소개하는 글을 써보세요.

City	***Sydney, Australia***
General Information	Sydney is the state capital of New South Wales and the most populous city in Australia.
Location	It is located on Australia's south-east coast of the Tasman Sea.
Population	Its population is about 4.6 million.
Weather	• Summer is warm & winter is not cold. • Average temperature in summer is 25 degrees. • The hottest month is January. The record high was 45 degrees in 1939. • The coldest month in winter is July, with the temperature 8 ~ 16 degrees. • Winter: June to August, Spring: September to November Summer: December to February Autumn: March to May
Famous places	Sydney Harbor, Bondi Beach , Opera House, etc.

City	
General Information	
Location	
Population	I

Weather	
Famous places	

위 활동을 위해서는 학생들이 도시에 대해 영어로 소개하는 글을 접할 수 있는 방법을 교사가 제공해야 할 것이다. 예를 들어 인터넷 사이트라든가, 서적, 잡지 등. 교사로서 여기서 한 가지 기억할 것은 학생들이 자신이 선택한 도시에 대해 소개할 때 자신이 이해하는 수준의 영어를 사용하게 해야 한다는 것이다. 무조건 베껴서 쓰는 것을 방지하기 위해서이다. 그러기 위해서는 자신이 쓴 내용에 대해 학생들은 수업 중 구두로 발표해야 할 수도 있다는 것을 미리 알릴 필요가 있다.

3-10. 단어를 넣어 텍스트 완성하고 핵심 아이디어 찾아 쓰기

◈ Fill in the blanks with appropriate words from the box below. Then write the main idea.

〈예시〉

Reality television shows often show violent or aggressive acts and _______ fail to show any negative side effects or consequences from ___________ actions. _____________, aggression is depicted as a permissible act _________ there are no repercussions ______ little attention may be paid to the ___________. In the March 29, 2002 edition of "Science" magazine, Jeffrey G. Johnson ____ Columbia University in New York _______ his colleagues presented the findings of 17-year long study ______ surveyed teenagers on ______television watching habits and aggressive acts toward other individuals.

_______ found _______ the more television a teenager watches each day, the more likely ____ is to participate in ________.

(Source:http://www.ehow.com/about_6671177_relationship_tv_shows_teenage_behavior.html/
By Daniel North

In this way, because, he, they, that, aggressive acts, these, then, their, and, their, and, of, that, victim

Main Idea: ____

____

____

____

위의 예시는 텍스트의 응집력에 대한 학습자들의 주의를 끌기 위한 것으로 개인적으로 할 수 있는 학습 활동이다. 적당한 연결어나 접속사, 앞의 내용을 지칭하는 단어 등을 보기에서 골라 쓰게 함으로써 난이도를 다소 낮추고자 하였다. 하지만 이런 활동은 문장 수준의 해석은 혼자서도 가능해야 하므로 어느 정도의 언어능력이 갖추어지고 난 뒤에 할 수 있는 학습 활동이다. 물론 짝과의 협동으로 빈칸의 답을 보다 쉽게 찾게 할 수도 있을 것이다.

4. 모둠 활동을 통한 쓰기 지도의 예시

4-1. 직소(Jigsaw) 과제 활동을 통한 쓰기

〈예시〉

◈ 모둠 활동에서 전문가들로부터 배운 지식을 바탕으로 다음 표를 완성하세요.

Name: __________		Score: __________
※ Please write what you have learned from the group task.		
A	History	
B	Geography	
C	Weather	
D	Foods	
E	Economy	
F	Places to Visit	

위 예시는 직소 과제 활동의 마지막 단계에서 하는 쓰기 활동에 해당한다. 교실에서의 직소 과제 활동을 하기 위한 준비 단계로 각 학생들은 자신이 맡은 분야의 정보를 수집하여 수업에 가지고 와야 한다. 이를 위해 학생들은 인터넷이나 책 등을 활용하여 정보를 수집하고 이에 대해 글로 써와서 전문가 모임을 통해 다듬은 정보를 모둠 구성원들에게 전달하여야 한다. 그리고 모둠 활동이 끝난 뒤에는 모둠의 다른 전문가들이 아려준 정보에 대해 써야 하는 데 아래에 제시된 것

이 그 정보지의 예이다. 이 정보지에 개인 학생들은 정보를 적어 넣어야 하며 이는 모둠 활동에 대한 평가의 근거가 된다. 보다 상세한 직소 과제 활동은 〈부록 C〉에 수록되어 있다.

4-2. 여행 장소 정하기 활동을 통한 쓰기

〈예시〉

◈ 다음 정보지에 모둠에서 구성원들이 정한 여행지에 대해 써보세요.

〈정보지의 예〉

	My name:_________ Name of the city I want to visit: __________	
1	Location	
2	Population	
3	Weather	
4	Famous place(s)	
5	Reason(s) to visit	
6	etc.	

위 예시에서 학생들은 교실에서의 모둠별 과제 수행을 위해서 과제 전 활동으로 자신이 여행하고 싶은 외국 도시를 하나 정하여 그 도시에 대한 정보를 찾아서 글로 써 와야 한다. 이 때 학생들은 인터넷이

나 서적 등을 통해서 정보를 얻게 되는데, 자신이 적어 온 내용을 모둠 구성원들에게 설명해야 하므로 정보를 있는 그대로 무조건 베껴 오는 것이 아니라 자신이 중요하다고 생각하는, 그리고 모둠 구성원들에게 설명할 수 있을 정도의 내용을 발췌해서 써 올 수 있어야 한다. 이러한 쓰기 경험은 지나친 어려움을 주지는 않으면서 다른 학생들은 갖지 않은 자신만의 정보를 가지고 모둠 활동에 임할 수 있게 하므로 개별 학생들에게 자신감도 심어줄 수 있다. 이 과제 활동의 보다 상세한 내용은 〈부록 D〉에 제시되어 있다.

4-3. 사회적 이슈에 대한 모둠의 의견 쓰기

〈예시 1〉

◈ 애완동물에 대한 다음 글을 읽고 모둠 구성원들끼리 토론한 다음 찬성 또는 반대하는 구성원들이 말하는 이유에 대해 각자 의견지에 써보세요.

Pets as Family Members

Recently the Associated Press Petside.com released a poll conducted over three days about people treating their pets like one of the family. Results from the poll showed:

1. Over half American pet owners consider their pet as much a part of the family as any human member.
2. 36% stated that their pets were part of the family, but not considered a full member.
3. 19% had bought their pets outfits.
4. Single people were more likely to consider their pets as full family members than married people.

5. Some single women considered their pets as surrogate children.
6. Approximately one quarter of those surveyed celebrate pets' birthdays.
7. About a third surveyed have their pets' names in family holiday cards.
8. Half of the dog owners surveyed and 40% of the cat owners polled gave their pets human food sometimes.

Source: http://petcare.suite101.com/article.cfm

Group: ________ Member Names: ________________________

For		Against	
1		1	
2		2	
3		3	
4		4	

위의 활동지를 작성해서 제출하기 위해서 각 학생들은 찬성 또는 반대하는 이유에 대해 문장을 써야한다. 하지만 개인의 영어능력에 따라 문장을 제대로 쓸 수 있는 학생들도 있을 것이고 반면에 그렇지 않은 학생들도 있을 것이다. 만약 이 활동을 개인 활동으로 한다면 영어능력이 낮은 학생들은 아예 포기를 할 수도 있겠지만 모둠 활동으로 할 경우에는 모르는 학생들은 아는 학생의 도움을 받아 활동지를 완성할 수 있다. 물론 이 때 영어능력이 낮은 학생의 경우에는 스스로 문장을 만들 능력이 없기 때문에 잘 하는 학생의 것을 모방하는 수준에 그치겠지만 이 정도라도 쓰기 경험을 하는 것이 아예 포기하고 안 하는 것보다는 도움이 되기 때문에 어떤 식으로든 활동지를 완성하도록 해야하며, 활동지 평가 시에는 그러한 노력을 중시하는 것이 필요하다.

이런 모둠 활동에서는 영어를 못한다고 해서 기여도가 없는 것이 아니다. 영어로는 못해도 한국말로는 그 이유를 충분히 말할 수 있기 때문에 영어 능력에 상관없이 모두 나름대로 기여하는 바가 있다. 따라서 이 활동은 영어를 잘 하는 학생들만의 일방적인 활동이 아니며, 서로 협동이 필요한 활동이라고 할 수 있다. 하지만 중요한 것은 못하는 학생들이 모둠 활동에 열심히 참여하지 않으면 모둠 활동 자체가 의미가 없고 효과도 떨어지기 때문에 그들에게 동기 부여를 하는 것이 교사의 역할이다.

〈예시 2〉

◈ 다음 글은 건강에 해로운 음식에 세금을 부과하는 데 대한 내용입니다. 글을 읽고 아래 주어진 질문에 대한 답을 쓰고 또한 자신은 이에 대해 찬성하는지 반대하는지 그 이유에 대해 써주세요.

Junk Food Tax Could Improve Health

Taxing junk food may help reduce obesity and improve health, researchers have found.

Patients got significantly less of their calories from soda or pizza when there was a 10 percent increase in the price of either, Penny Gordon-Larsen of the University of North Carolina at Chapel Hill and colleagues reported in the March 8 issue of Archives of Internal Medicine.

"Policies aimed at altering the price of soda or ... pizza may be effective mechanisms to steer U.S. adults toward a more healthful diet and help reduce long-term weight gain or insulin levels over time," the researchers wrote.

Talk of a soda tax has sparked debate across the country, particularly in New York and Philadelphia, where such legislation is currently under consideration. However, not much research has been done to study how price changes would affect health outcomes.

So the researchers looked at data from 5,115 patients enrolled in the longitudinal Coronary Artery Risk Development in Young Adults (CARDIA) Study from 1985 to 2006.

During that time, the inflation-adjusted price of soda and pizza actually decreased, with the largest drop observed for soda, falling from $2.71 to $1.42 for a 2-liter bottle -- a 48 percent decline.

In their analyses, the researchers found that changes in the price of soda and pizza were associated with changes in the probability of consuming those foods, as well as in the amounts consumed.

A 10 percent increase in the price of soda was associated with a 7.12 percent decrease in calories consumed from it, while the same increase in the price of pizza led to an 11.5 percent drop.

Price was also significantly associated with total caloric intake and body weight. A $1.00 increase in soda prices, for example, was tied to a mean of 124 fewer total daily calories, which amounted to an average weight loss of 2.34 pounds.

The researchers noted that similar trends were seen for pizza, adding that a $1.00 increase in the price of both soda and pizza together was associated with even greater changes in total energy intake, body weight, and insulin resistance.

"Our results provide stronger evidence to support the potential health benefits of taxing selected foods and beverages," they wrote. "Similar taxation policies have proven a successful means of effectively reducing adult and teenage smoking."

They calculated that an 18 percent tax on junk food would result in a 56-calorie decline in total daily energy intake. At the population level, that would translate to about five pounds per patient per year, along with significant reductions in the risks of most obesity-related chronic diseases, they said.

Since their study looked at only a small number of foods, they called upon researchers to assess more in future studies.

In an accompanying editorial, Dr. Mitchell H. Katz and Dr. Rajiv Bhatia of the San Francisco Department of Public Health wrote that taxing is "an appropriate method of correcting for health and other social costs not accounted for in the private market cost."

However, they added, in addition to taxing unhealthy foods, policymakers should consider ways to reward healthy behaviors.

"Sadly, we are currently subsidizing the wrong things, including the production of corn, which makes the corn syrup in sweetened beverages so inexpensive," they wrote. U.S. agricultural subsidies should instead "be used to make healthful foods such as locally grown vegetables, fruits, and whole grains less expensive."

"In the end," Katz and Bhatia concluded, "putting our money where our mouth is means aligning our economic incentives so that we always serve up the healthful choice."

Q: According to the passage, how can taxing junk food improve health?

____

____

____

____

Q: How many of you like or don't like the idea that we must tax junk food?

I like it. (　　　) / I don't like it. (　　　)

Q: Why do you or don't you like the idea?

- I like/don't like the idea because

(Pro)

____

____

____

____

(Con)

____

____

____

____

위 예시는 모델 텍스트의 길이나 내용으로 봐서 학생들의 수준이 어느 정도 되어야 쓸 수 있는 활동이다. 이 모델 텍스트에서 사용된 어휘나 표현들이 학생들의 글에 활용될 수 있다.

4-4. 문제에 대한 해결책 쓰기

〈예시〉

◈ 오른쪽 해결책이 나올 수 있는 문제를 한 가지 나름대로 생각해서 적어 보세요. 첫 번째는 보기로 주어졌습니다.

Problems	Solutions
1. Gee, *I am hungry.*	Have a sandwich.
2. Gee, ______________	Drink some water.
3. Gee, ______________	Stop eating.
4. Gee, ______________	Take a nap.
5. Gee, ______________	Take some rest.
6. Gee, ______________	Calm down.
7. Gee, ______________	Put on a sweater.
8. Gee, ______________	Open the window.
9. Gee, ______________	Take some aspirin.
10. Gee, *I have a toothache.*	Go to the dentist.

full, hungry, sleepy, tired, cold, hot, toothache, thirsty, headache, nervous

◈ 위의 Problem과 Solution에 있는 두 문장을 연결하여 하나의 문장으로 만들어 보세요.

1. *I have a sandwich when I am hungry.*
2. ______________________________

3. ______________________________
4. ______________________________
5. ______________________________
6. ______________________________
7. ______________________________
8. ______________________________
9. ______________________________
10. ______________________________

만약 학생들의 수준이 좀 더 높을 경우에는 아래와 같이 학생들 스스로 문제를 제기하고 그에 대한 해결책을 주는 활동도 가능할 것이다.

1. P: *I don't have any money.* S: *Ask your mom for some money.*
2. P: ______________ S: ______________
3. P: ______________ S: ______________
4. P: ______________ S: ______________
5. P: ______________ S: ______________

4-5. 선택 사항의 장단점에 대해 쓰기

〈예시〉

◈ 다음 표에 있는 주제들의 장단점을 보고 그 다음 표에 있는 주제들에 대해 모둠 구성원들끼리 장단점에 대해 토론하세요. 토론이 끝나고 나면 각 주제들의 장단점에 대해 각자 적어보세요.

Good or Bad?

	Good	Bad
Living in the city	Lots to do Different types of food Lots of people	Busy Pollution Traffic jam
Playing computer games	Fun Cheap Exciting	Wasting time Keeping kids indoors No exercise
Studying English	Good for travel Good for jobs Good to speak to people	Boring Hard Taking a lot of time
Boxing	Entertaining	Violent Getting hurt
Violent movies	Entertaining	Violent Making people aggressive
School	Education Good to get jobs Interesting	Tiring A lot of work Boring
Living in another country	Fun Interesting Meeting different people	Missing family and friends Hard if one can't speak the language there

	Good	Bad
School uniform		
Plastic surgery		
Playing computer games		
Fashion models		
Cellular phone		
Other		

위 예시는 모둠 활동으로서 구성원들끼리 생각들을 모아서 완성할 수 있는 학습 활동이다. 듣고 말하기 연습이 위주이지만 쓰기 활동까지 연결되는 자료이다. 모둠 활동을 통해 수준이 낮은 학습자들도 토론에는 기여할 수 있고, 또한 다른 구성원들로부터 언어적 도움을 받을 수 있다.

4-6. 그림 시리즈를 바탕으로 스토리 쓰기

〈예시 1〉

◈ 아래 그림을 보고 스토리를 만들어 써보세요.

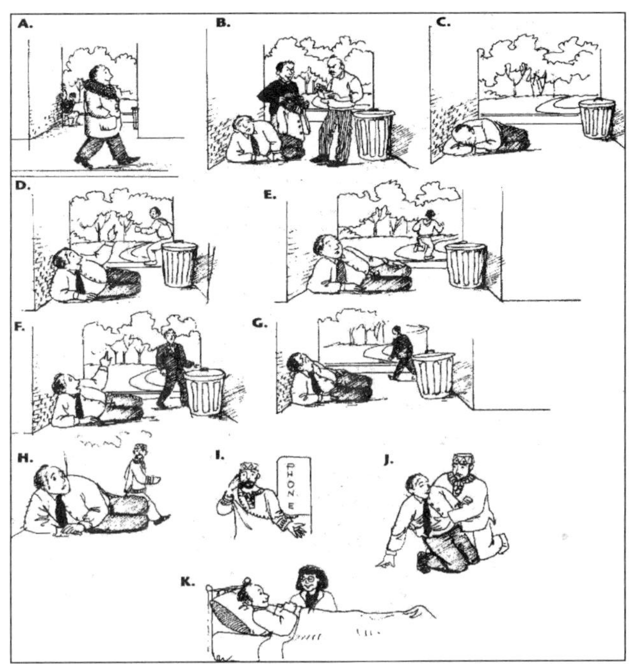

(Source: http://learnitsayit.com/writing-exercise-picture-story)

A. ____

B. ____

C. ____

D. ____

E. ____

F. ____

G. ____

H. ____

I. ______________________________________

J. ______________________________________

K. ______________________________________

위에 제시된 각 그림들에 대해 먼저 학생들은 개별적으로 문장을 쓴다. 이 문장들을 바탕으로 모둠 구성원들끼리 의논하여 각 그림에 가장 잘 어울리는 문장들을 만든다. 이 때 개인 학생들은 자신이 쓴 문장을 수정한다. 아마도 언어 능력이 낮아 개별적으로는 문장을 제대로 못 만드는 학생들도 있을 것이다. 이런 학생들은 모둠 활동을 통해 또래 학생들로부터 배우는 효과가 있다. 그리고 목표언어 능력이 낮다고 해서 모둠 활동에서 아무런 역할을 못하는 것은 아니다. 모국어로 스토리를 만드는 데 아이디어를 제공함으로써 모둠 활동에 도움이 될 수도 있다. 따라서 교사는 모든 구성원들의 적극적인 참여를 독려할 필요가 있다. 모둠 협동을 통해 스토리를 만들고 나면 학생들 개별적으로 스토리를 쓰게 한다. 이 때 시간 절약을 위해 마지막 개별 쓰기 단계는 집에서 숙제로 해서 그 다음 수업시간에 제출하게 할 수 있다.

〈예시 2〉

◈ 그림을 보고 스토리 조각들을 맞추어 전체 스토리를 완성해보세요.

(Source: Heyer, S. (1989). *Picture stories for beginning communication.* Englewood Cliffs, NJ: Prentice Hall.)

<u>The Mean Boss</u>

There was a mean boss in a factory. The boss liked to watch the workers. He wanted the workers to work hard.

Then the boss asked another worker, "What was that man's job?"

The boss was angry. "How much do you make a week?" he asked the man. "Three hundred dollars," the man said.

One morning the boss came to the factory at nine o'clock. A man was drinking coffee.

The boss gave the man three hundred dollars. “Take the money and get out of here,” he said.
“He doesn’t work here,” the worker said. “He came to pick up a package.”
The boss came back at nine thirty. The man was still drinking coffee.

이 모둠 활동에서 학생들은 7명씩 한 조가 된다. 그리고 각자 스토리 조각들을 하나씩 가진다. 그리고 각자가 가진 스토리 조각들을 모둠 구성원들에게 보여주지는 않고 읽어주기만 하면서 협동 작업으로 조각들의 순서를 바로 하여 전체 스토리를 구성한다. 이 활동을 통해 학생들은 읽고, 듣고, 말하는 연습을 하게 된다. 이 모둠 활동이 끝난 뒤에는 개별적으로 다음과 같이 읽기 및 쓰기 활동을 한다. 수업 시간 절약을 위해서 이 활동은 집에서 숙제로 하는 것이 좋다.

◈ 다음 스토리 조각들을 순서대로 하여 전체 스토리를 구성하세요. 왼쪽의 빈칸에 조각 순서대로 번호를 쓰세요. 첫 번째 조각은 이미 주어졌습니다.

	The boss gave the man three hundred dollars. "Take the money and get out of here," he said.
	Then the boss asked another worker, "What was that man’s job?"
	The boss was angry. "How much do you make a week?" he asked the man. "Three hundred dollars," the man said.
	One morning the boss came to the factory at nine o'clock. A man was drinking coffee.
①	There was a mean boss in a factory. The boss liked to watch the workers. He wanted the workers to work hard.

	"He doesn't work here," the worker said. "He came to pick up a package."
	The boss came back at nine thirty. The man was still drinking coffee.

◈ 위의 스토리를 직접화법을 간접화법으로 모두 고쳐 다시 쓰세요.

____

____

____

____

____

____

____

끝맺는 말

요즘 같이 의사소통을 중시하는 외국어 교육 분위기 속에서는 쓰기와 말하기 같은 생산적 언어 기술(productive language skills)이 강조되는 것이 사실이다. 하지만 생산적 언어 기술을 여러 가지 한계가 많은 외국어 학습 환경에서 터득하기란 결코 쉬운 일이 아니다. 그 결과 외국어 쓰기 수업은 교사나 학생 모두에게 큰 부담이 되고 있다. 가르치는 교사로서는 여러 가지 한계로 인한 어려움에도 불구하고 효과적인 쓰기 지도를 해야 할 의무가 있고, 또한 학생들은 학생들대로 목표 언어로 글을 잘 쓸 수 있는 능력이 있으면 장차 자신의 분야에서 유리한 수단을 갖게 되는 셈이어서 쓰기 능력을 기르는 것이 필요하다.

언어의 네 가지 기술 중 어느 하나도 하루아침에 습득되는 것은 없다. 하지만 특히 쓰기 기술은 오랜 시간에 걸친 연습에 의해서만 터득될 수 있는 기술이다. 쓰기는 말하기처럼 언어 사용 환경에 노출만 되면 자연스럽게 터득되는 기술이 아니라 별도의 노력을 요하는 기술이다.

우리의 영어교육 목표에는 분명히 목표 언어의 네 가지 기술을 가르치도록 되어 있고, 따라서 목표 달성을 제대로 했는지 알아보기 위해서는 쓰기에 대한 평가도 당연히 포함되어야 한다. 하지만 그동안 우리의 학교 현장에서는 쓰기 지도에 대해 거의 손을 대지 못했던 것이 사실이며 따라서 제대로 된 쓰기 평가를 기대할 수도 없다. 많은 학생 수, 입시제도, 교사의 훈련 부족 등, 교실 상황에서 접하는 여러 가지 한계 때문이 가장 큰 원인이라고 할 수 있을 것이다. 이런 현실에도 불구하고 최근 국가적으로 개발, 적용하려고 하는 영어 능력 평가에서 학생들의 쓰기 능력에 대한 평가의 움직임이 있는데 이는 가르치지 않고 평가하겠다는 것이나 다름없다. 학생들 입장에서 보면 매우 불만

스런 부분이 아닐 수 없다. 적어도 학교 교육에서는 평가 이전에 교육이 선행되어야 하는 것이 당연하기 때문이다. 이런 점에서 이제 영어교사들은 쓰기 지도를 더 이상 외면해서는 안 될 것같다. 하지만 쓰기 지도는 교사들의 관심만으로는 부족하다. 교사들이 쓰기 지도를 어떻게 해야 할 것인가에 대한 정보 제공과 필요한 훈련 제공 등, 전문가들의 보다 많은 도움이 절실히 요구되는 실정이다.

이 책에서는 EFL 상황에서 교사들이 쓰기 지도를 하는 데 참고할 수 있는 통제 작문의 예시들을 소개하였다. 현실성을 감안하여 주로 결과중심 접근법에 초점을 두었지만, 상황에 따라 과정중심 접근법을 부분적으로 접목할 수도 있을 것이다. 이 예시들을 통해서 교사들이 쓰기 지도를 하는 데 필요한 통찰력을 기르는 데 다소나마 도움이 될 수 있기를 바라는 마음이다.

참고 문헌

Armstrong, K. M. (2010). Fluency, accuracy, and complexity in graded and ungraded writing. *Foreign Language Annals, 43*(4), 690-702.

Bacha, N. (2001). Writing evaluation: what can analytic versus holistic essay scoring tell us? *System, 29*, 371-383.

Biber, D. (1988). *Variation across speech and writing*. Cambridge: Cambridge University Press.

Biber, D. (1989). A typology of English texts. *Linguistics, 27*, 3-43.

Brown, H. D. (1994). *Principles of language learning and teaching* (3rd ed.). Englewood Cliffs, NJ: Prentice Hall.

Brown, H. D. (2007). *Teaching by principles: An interactive approach to language pedagogy* (3rd ed.). White Plain, NY: Pearson Longman.

Brown, N. A., Solovieva, R. V., & Eggett, D. L. (2011). Qualitative and quantitative measures of second language outcomes of informal target language learning abroad. *Foreign Language Annals, 44*(1), 105-121.

Byrne, D. (1988). *Teaching writing skills*. London: Longman.

Carduner, J. (2002). Using classroom assessment techniques to improve foreign language composition courses. *Foreign Language Annals, 35*(3), 543-553.

Carson, J. E., Carrell, P. L., Silberstein, S., Kroll, B., & Kuehn, P. A. (1990). Reading-writing relationships in first and second language. *TESOL Quarterly, 24*(2), 245-266.

Carter, R., & McCarthy, M. (2006). *Cambridge grammar of English*. Cambridge: Cambridge University Press.

Celce-Mercia, M. (1991). Grammar pedagogy in second and foreign language teaching. *TESOL Quarterly, 25*(3), 459-480.

Chiang, S. Y. (1999). Assessing grammatical and textual features in L2 writing samples: The case of french as a foreign language. *The Modern Language Journal, 83*(2), 219-232.

Cohen, A. D. (1990). Writing as process and product. In A. D. Cohen, *Language Learning* (Ch. 6). New York, NY: Heinle & Heinle Publishers.

Connon, U. (1984). Recall of text: Differences between first and second language readers. *TESOL Quarterly, 18*(2), 239-256.

Davies, P., & Pearse, E. (2000). *Success in English teachin*g. Oxford: Oxford University Press.

Duke, N. K. (2007). Comprehension, Composition and Writing, Genre, Letter-Sound Knowledge, Motivation, Phonological Awareness, Vocabulary. Presentations for TE 301, East Lansing, Michigan.

Eskey, D. E. (2005). Reading in asecond language. In E. Hinkel (Ed.), *Handbook of research in second language teaching and learning* (pp. 563-579). Mahwah, NJ: Lawrence Erlbaum.

Gascoigne, C. (2004). Examining the effect of feedback in beginning L2 composition. *Foreign Language Annals, 37*(1), 71-76.

Gass, S. (1999). Incidental vocabulary learning. *SSLA, 21*, 319-333.

Grimes, J. E. (1975). *The thread of discourse*. The Hague/Paris: Mouton.

Halliday, M. A. K. (1985). *Spoken and written language*. Victoria: Deakin University press.

Halliday, M. A. K., & Hassan, R. (1976). *Cohesion in English*. London: Longman.

Harmer, J. (1998). *How to teach English*. London: Longman.

Harmer, J. (2001). *The practice of English language teaching* (3rd ed.). Harlow: Longman.

Hess, N. (2001). *Teaching large multilevel classes*. Cambridge: Cambridge University Press.

Keh, C. L. (1990). Feedback in the writing process: a model and methods for implementation. *ELT Journal, 44*(4), 294-304.

Kepner, C. G. (1991). An experiment in the relationship of types of written feedback to the development of second-language writing skills. *The Modern Language Journal, 75*(3), 305-313.

Kim, S.-A. (2007). An analysis of the teacher's use of class materials/activities in elementary school English classes. *English Language Teaching, 19*(4), 1-26.

Kim, S.-A. (2008). Improving homework assignments to enhance English learners' autonomy. *English Language Teaching, 20*(2), 69-92.

Lally, C. G. (2000). First language influences in second language composition: The effect of pre-writing. *Foreign Language Annals, 33*(4), 428-432.

Lee, D. Y. (2001). Genres, registers, text types, domains, and styles: clarifying the concepts and navigating a path through the BNC jungle. *Language Learning & Technology, 5*(3), 37-72.

Lee, S. H. (2003). ESL learners' vocabulary use in writing and the effects of explicit vocabulary instruction. *System, 31*, 537-561.

Macaro, E. (1997). *Target language, collaborative learning and autonomy*. Bristol, PA: Multilingual Matters.

Manley, J. H., & Calk, L. (1997). Grammar instruction for writing skills: Do students perceive grammar as useful? *Foreign Language Annals, 30*(1), 73-83.

Muncie, J. (2000). Using written teacher feedback in EFL composition classes. *ELT Journal, 54*(1), 47-53.

Nation, I. S. P. (2009). *Teaching ESL/EFL reading and writing*. New York, NY: Routledge.

Nunan, D. (1991). *Language teaching methodology*. New York: Prentice hall.

Nunan, D. (1999). *Second language teaching and learning*. Boston, MA: Heinle & Heinle.

Painter, L. (2003). *Homework*. Oxford: Oxford University Press.

Peha, S. (2013). What is good writing? Retrieved Oct. 5, 2013, from the World Wide Web: http://www.ttms.org/PDFs/ 13%20What%20 is% 20Good%20Writing%20v001%20(Full).pdf

Porte, G. K. (1995). Writing wrongs: copying as a strategy for underachieving EFL writers. *ELT Journal, 49*(2), 144-151.

Quirk, R., Greenbaum, S., Leech, G., & Svartvik, J. (1985). *A comprehensive grammar of the English language*. London: Longman.

Raimes, A. (1985). What unskilled ESL students do as they write: A classroom study of composing. *TESOL Quarterly, 19*(2), 229-258.

Reichelt, M., Lefkowitz, N., Rinnert, C., & Schultz, J. M. (2012). Key issues in foreign language writing. *Foreign Language Annals, 45*(1), 22-41.

Reppen, R. (2002). A genre-based approach to content writing instruction. In J. C. Richards & W. A. Renandya (Eds.), *Methodology in language teaching* (Ch. 31). Cambridge: Cambridge University Press.

Ruiz-Funes, M. (1999). Writing, reading, and reading-to-write in a foreign language: A critical review. *Foreign Language Annals, 32*(4), 514-526.

Schoonen, R., van Gelderen, A., de Glopper, K., Hulstijn, J., Simis, A., Snellings, P., & Stevenson, M. (2003). First language and second language writing: The role of linguistic knowledge, speed of processing, and metacognitive knowledge. *Language Learning, 53*(1), 165-202.

Scott, V. M. (1996). *Rethinking foreign language writing*. Boston, MA: Heinle & Heinle.

Semke, H. (1984). Effects of the red pen. *Foreign Language Annals, 17*(3), 195-202.

Seow, A. (2002). The writing process and process writing. In J. C. Richards & W. A. Renandya (Eds.), *Methodology in language teaching* (Ch. 30). Cambridge: Cambridge University Press.

Shedd, M. (2008). Comprehension, Composition and Writing, Genre, Fluency, Letter-Sound Knowledge, Morphology, Motivation, Phonological Awareness, Phonemic Awareness, Vocabulary. Presentations for TE 301, East Lansing, MI.

Silva, T. (1993). Toward an understanding of the distinct nature of writing: The ESL research and its implications. *TESOL Quarterly, 27*(4), 657-677.

Smith, E. L. (1985). Text type and discourse framework. *Text 5*(3), 229-247.

Strickland, D, & Snow, C (2002). *Preparing our teachers, opportunities for better reading instruction*. Washington, D.C.: Joseph Henry Press.

Trosborg, A. (2013). Text typology: register, genre and text type. Retrieved Oct. 5, 2013, from the World Wide Web: http://www.postgradolinguistica.ucv.cl/dev/documentos/ 49,720,text%20typol.

Virtanen, T. (1990). On the definition of text and discourse. *Folia Linguistica 24*(3-4), 447-455.

White, R., & Arndt, V. (1991). *Process writing*. London: Longman.

Zamel, V. (1982). Writing: the process of discovering meaning. *TESOL Quarterly, 16*(2), 195-209.

Zamel, V. (1985). Responding to student writing. *TESOL Quarterly, 19*(1), 79-99.

Zamel, V. (1987). Recent research on writing pedagogy. *TESOL Quarterly, 21*(4), 697-715.

부록

A. ESL 학습자와 EFL 학습자의 글에 나타난 오류 비교

B. 설명문체 텍스트의 구조와 관련 표시어

C. 직소 과제 활동 수업의 예시

D. 여행 장소 정하기 과제 활동의 예시

E. 교사가 낸 영어 쓰기 숙제의 문제점 및 개선된 숙제의 예

[한영술어 대조표]

부록 A: ESL 학습자와 EFL 학습자의 글에 나타난 오류 비교

아래 〈예 1〉은 초등학교 입학할 나이가 된 한국 아동이 영어에 대해서는 아무 것도 모른 채 미국으로 건너와서 초등학교에 들어간 지 2년이 채 안 되었을 때 쓴 글로서 ESL학습자의 오류의 예이다.

〈예 1〉

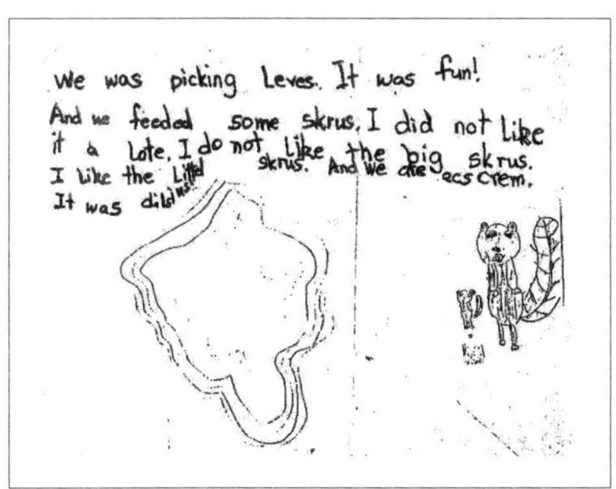

아이의 글에서 볼 수 있듯이 아이가 생산한 오류의 경우 대부분 철자에 관한 오류이다. 표현 자체가 비문이라서 이해하기 힘든 경우는

없다. 철자 이외의 약간의 문법적 오류는 언어 발달 과정에서 생기는 것들로서 이는 영어를 모국어로 사용하는 아이들에게서도 발견되는 오류들이며, 이들은 언어 능력 발달과 함께 자연스럽게 바로 될 수 있는 오류들이다.

위의 예와 같이 ESL 상황에서 언어를 습득하는 아이들의 경우에는 음성 언어를 먼저 습득하고 난 뒤 문자 언어를 익히게 되며, 글을 쓸 때는 이미 자연스럽게 습득된 음성 언어가 바탕이 되어 있기 때문에 글의 표현 자체가 상대방이 읽어서 이해하기 힘들 정도로 이상한 경우는 거의 없다. 철자 상의 오류는 아직 문자 언어에 익숙하지 않은 아이가 자신의 음성 언어를 바탕으로 스스로 만들어 낸 철자(invented spelling)를 사용하기 때문이다. 따라서 이미 철자를 마스터한 어른들이 이 글들을 읽을 경우에는 오류에도 불구하고 이해하는 데 별로 어려움이 없다. 이러한 오류는 구태여 누가 고쳐주지 않아도 아이가 자라면서 더 많은 언어 경험을 하는 과정에서 자연스럽게 수정이 되는 종류의 오류이다.

반면에 아래 예들은 EFL 상황에서 영어를 배운 어느 대학 신입생이 영작문 시간에 쓴 글과 영어를 전공한 교사의 영어로 하는 영어 수업 발표를 한 학습지도안에서 따온 글들이다. 〈예 2〉에서 알 수 있듯이 대학생의 경우 목표언어 수준이 상당히 낮은 경우라고 할 수 있는데, 고등학교 때까지의 학교 수업만 해도 상당한 시간을 투자한 것을 감안하면 글의 유창성이나 정확성 모두에서 문제가 상당히 심각하다. 〈예 3〉의 경우에도 교사가 되기까지 상당한 시간을 영어 학습에 투자했을 것으로 추측되지만 역시 정확성에 문제가 적지 않다는 것을 보여준다.

〈예 2〉

Choice#: 1

My family member is five father ~~mother~~
first sister second sister and I. ~~Mother~~
My father is very big. He is very Kind
I like my father. When I was young
men, father and I went to lake
because cath the fish. I like fish
I used to sleepily because of I catched fish
for a long time. Mather is very
Kind I'm very like. [illegible]
I love herand ~~too~~ father too. My
first sister was married Last year.
She have a doughter [illegible]. She is very
beautiful and she's doughter is pretty.
Last My second sister is very singsong
She has all around song contest
to win. (I'm sorry)
~~[illegible]~~ Thank you sir.

〈예 3〉

* We have difficulties in teaching English in real living context such as that acquired through a direct experience because we are teaching English with our textbooks.
* same-levelized group & different-levelized group
* The teacher says next class we'll do group activities continuously.
* Next class the students write the reading "On the Subway" in Italic alphabet.
* Choose one place you want to go. Write down your shopping.
* That day was very happy and tired.

부록 B. 설명문체 텍스트의 구조 및 관련 표시어

(Source: http://www.u-46.org/dbs/roadmap/files/comprehension/3expostext.pdf)

Pattern	Description	Cue Words (Signal Words)	Graphic Organizer
Description	The author describes a topic by listing characteristics, features, attributes, and examples.	* for example * characteristics * for instance * such as * is like * including * to illustrate	
Sequence	The author lists items or events in numerical or chronological sequence, either explicit or implied.	* first * second * third * later * next * before * after * then * finally * when * since * now * previously * actual use of dates	1. ______ 2. ______ 3. ______ 4. ______

Cont'd

Pattern	Description	Cue Words (Signal Words)	Graphic Organizer
Compa-rison	Information is presented by detailing how two or more events, concepts, theories, or things are alike and/or different.	* however * nevertheless * on the other hand * but * similarly * although * also * in contrast * different * alike * same as * either/or * in the same way * just like * just as * likewise * in comparison * whereas * yet	Alike / Different
Cause and Effect	The author presents ideas, events in time, or facts as causes and the resulting effect(s) or facts that happen as a result of an event.	* if/then * reasons why * as a result * therefore * because * consequently * since * so that * for * hence * due to * thus * this led to	cause → Effect #1 / Effect #2 / Effect #3

Cont'd

Pattern	Description	Cue Words (Signal Words)	Graphic Organizer
Problem and Solution	The author presents a problem and one or more solutions to the problem	* problem is * dilemma is * if/then * because * so that * question / answer * puzzle is solved	problem → Solution

부록 C. 직소 과제(Jigsaw Task) 활동의 수업의 예시

〈역사 전문가〉	〈지리 전문가〉	〈기후 전문가〉
구성원 A-1	구성원 A-2	구성원 A-3
구성원 B-1	구성원 B-2	구성원 B-3
구성원 C-1	구성원 C-2	구성원 C-3
구성원 D-1	구성원 D-2	구성원 D-3
구성원 E-1	구성원 E-2	구성원 E-3

〈음식 전문가〉	〈경제 전문가〉	〈관광 전문가〉
구성원 A-4	구성원 A-5	구성원 A-6
구성원 B-4	구성원 B-5	구성원 B-6
구성원 C-4	구성원 C-5	구성원 C-6
구성원 D-4	구성원 D-5	구성원 D-6
구성원 E-4	구성원 E-5	구성원 E-6

각 구성원은 자신이 수집한 정보를 자신이 속한 모둠에 바로 전달하지 않는다. 그 대신 같은 분야의 정보 수집 임무를 맡은 다른 모둠의 구성원들과 함께 각자가 구한 정보를 공유하고 해당 분야의 전문

가들이 되어 발표(presentation) 연습도 한다.

① 모둠 구성원 교육

각 모둠의 구성원들은 각자 자신이 맡은 분야에 대해 전문가 팀 모임을 통해 서로 교환하고 다음은 해당 분야의 정보를 자신이 속한 모둠의 구성원들에게 설명한다. 이 때 구성원들은 설명 내용에 대해 메모를 한다. 각 구성원들의 분야별 설명 덕분에 모둠의 모든 구성원들은 주어진 과제 '한국 소개하기'에 대한 전체 정보를 소유하게 된다.

(5) 과제 후 활동(Post-task Activity)

① 평가

과제가 완성되고 나면 과제 내용에 대한 이해도 평가를 실시한다. 이 평가는 그날의 모둠 활동 내용에서 배운 것에 대해 각 학생들이 쓰는 것으로, 모둠 활동을 통해 배운 내용은 같아도 각자의 언어 능력에 따라 생성되는 글의 수준은 다를 수밖에 없을 것이지만 이는 큰 문제가 되지 않는다. 평가는 당일 수업 시간 모둠 별 과제 완성 후 바로 하는 것이 좋으며, 평가의 주요 목적은 개인 학생들로 하여금 자신이 속한 모둠의 다른 전문가들의 설명을 열심히 듣게 하는 데 있다. 따라서 각 학생들은 모둠 활동 중 전문가들의 설명을 듣는 동안 나중에 있을 평가를 위해서 메모를 해야 할 것이며, 최종적으로 각자 제출해야 할 평가지를 완성하기 위해서 학생들은 설명을 놓친 부분에 대해 전문가들에게 개별적인 도움을 요청할 수도 있다. 이 모든 과정은 물론 모둠 활동 전 학생들에게 충분히 설명이 되어야 한다.

〈평가지의 예〉

Name: ________		Score: ______
※ Please write what you have learned from the group task.		
A	History	
B	Geography	
C	Weather	
D	Foods	
E	Economy	
F	Places to Visit	

② 발표

평가가 끝난 뒤 각 전문가 팀은 자신들의 전문 분야에 대해 발표를 함으로써 수업을 마무리 한다. 이 때 학생들의 이해를 돕기 위해 전문가 팀 모임 시에 준비하게 했던 그림이나 사진을 동원하게 한다.

부록 D: 여행 장소 정하기 과제 활동 수업의 예시

아래 예는 과제중심 수업을 통해서 학생들이 경험할 수 있는 쓰기 활동의 예이다. 예에서 알 수 있듯이 학생들은 모둠별 과제 수행을 위해서 과제 전 활동으로 자신이 여행하고 싶은 외국 도시를 하나 정하여 그 도시에 대한 정보를 찾아서 글로 써 와야 한다. 이 때 학생들은 인터넷이나 서적 등을 통해서 정보를 얻게 되는데, 자신이 적어 온 내용을 모둠 구성원들에게 설명해야 하므로 정보를 있는 그대로 무조건 베껴 오는 것이 아니라 자신이 중요하다고 생각하는, 그리고 모둠 구성원들에게 설명할 수 있을 정도의 내용을 발췌해서 써 올 수 있어야 한다. 이러한 쓰기 경험은 지나친 어려움을 주지는 않으면서 다른 학생들은 갖지 않은 자신만의 정보를 가지고 모둠 활동에 임할 수 있게 하므로 개별 학생들에게 자신감도 심어줄 수 있다.

각 구성원들이 가져온 정보를 바탕으로 과제 활동을 하게 되는데, 모둠의 과제 활동을 통해 구성원들은 자신들이 방문하고 싶은 외국 도시 하나를 정하게 된다. 이 활동에서는 주로 듣기와 말하기를 연습하게 되지만 과제 수행이 끝난 후 학생들은 다시 쓰기 경험을 할 수 있게 된다. 즉, 모둠에서 정한 도시에 대해 개별적으로 모둠에서 정한 바대로 여행 계획서를 완성하여 제출해야 하는데, 이렇게 함으로써 교사는 학생들이 과제 수행에 열심히 참여하도록 만들 수 있다. 또한 숙제를 통해 학생들로 하여금 보다 많은 쓰기 경험을 하게 할 수도 있다. 보다 상세한 내용은 아래와 같다.

1. 과제(The Task): 외국 도시 방문을 위한 계획 짜기
2. 진행 절차(Procedures):

1) 과제 전 활동(Pre-task Activity): 방문하고 싶은 외국 도시에 대한 정보지 작성 (숙제)

학생들은 자신이 방문하고 싶은 외국 도시를 하나 선택하고 그 도시에 대해 교사가 제공한 정보지를 숙제로 완성하여 제출한다. 이 정보지에는 학생의 이름과 자신이 속한 모둠의 이름, 방문하고 싶은 도시, 그리고 그 도시에 대한 정보(위치, 인구수, 날씨, 유명한 곳 등)를 기입하도록 되어 있으며, 그림 등을 포함하여 보다 멋지게 꾸밀 수 있다. 모둠을 위한 과제 활동에서 모둠 구성원들에게 자신이 원하는 도

시로 여행 갈 것을 설득하여야 하므로 사진이나 그림 등을 준비하는 것이 보다 매력적인 것이 될 것이다. 이 때 준비한 그림이나 사진은 만약 그 도시가 구성원들에 의해서 최종 방문지로 선택되고 모둠의 과제 수행이 끝났을 때 전체 급우들 앞에서 모둠의 과제 수행에 대한 구두 발표를 할 때에도 사용된다.

숙제로 완성된 정보지는 과제 활동을 위해서 사용된 후 교사에게 제출하여야 하며, 교사는 이를 평가에 반영하여야 한다. 완성된 정보지의 예는 아래와 같다.

〈완성된 정보지의 예〉

	My name: Hong, Kil Dong Group: C Name of the city I want to visit: Sydney	
1	Location	· Sydney is the state capital of New South Wales and the most populous city in Australia. It is located on Australia's south-east coast of the Tasman Sea.
2	Population	· about 4.6 million
3	Weather	· Summer is warm & winter is not cold. · Average temperature in summer is 25 degrees. · The hottest month is January. The record high was 45 degrees in 1939. · The coldest month in winter is July, with the temperature 8 ~ 16 degrees. · Winter: June to August Spring: September to November Summer: December to February Autumn: March to May

4	Famous place(s)	Sydney Harbor Bondi Beach Opera House, etc.
5	Reason(s) to visit	· I wonder why Opera House is so famous. · I heard Sydney is a beautiful harbor city. · I want to swim at Bondi Beach. etc.
6	etc.	

2) 과제 활동(Task Activity): 방문할 외국 도시 정하기(모둠 활동)

학생들은 각 모둠 별로 자신들이 방문할 외국 도시를 하나 정하고 그 도시로 함께 여행을 가기 위해서 계획을 짜는 것이 과제이다. 과제 수행이 끝나고 나면 각 모둠은 자신들의 계획에 대해 다른 모둠들에게 구두로 소개한다. 이 때 각 모둠들이 포함시켜야 할 내용에 대해서 교사는 다음 질문에 대한 답을 포함하도록 미리 알린다. 질문 내용은 화면에 띄워 주거나 각 모둠에게 나누어 준다.

〈예〉 Q: Which city do you want to visit?

Q: Which airline will you use for the trip?

Q: When do you want to leave and come back?

Q: Where will you stay?

Q: What will you do during the stay?

Q: What is your flight schedule like?

Q: How much money will you need roughly? etc.

〈여행 계획서의 예〉

Group: _____	Name: _________
Name of city to visit	
Transportation	
Date of departure & Date of arrival	
Length of stay	
Reasons to visit the city	
Flight schedule	
Amount of money needed	

3) 과제 후 활동(Post-task Activity): 한국 날씨 소개하기 (쓰기 숙제)

자신이 여행 가이드라고 가정하고 한국을 방문한 외국 관광객들에게 한국의 날씨에 대해 소개하는 글쓰기 (이 때 학생들은 숙제를 위해 교사가 자신의 웹 페이지에 모델로 제공한 호주에 대한 읽기 지문에서 한국의 날씨에 대해 소개하는 글을 쓸 때 필요로 할 어휘나 표현들을 참고할 수 있다.)

〈교사의 웹 사이트에 올릴 지문〉

Weather in Australia

By Arshi

Australia has a very pleasant and lovely climate among other countries of the world. There is not hot or not so cold in Australia. The climate of Australia varies widely. A large part of the country is desert or semi arid. A survey tells that approximately 40% of the land is covered by sand dunes.

Since the 20th century weather changes occur slow and steady in Australia. As a result of this the average temperature in Australia is increased by 1 degree Celsius. As the temperature increases the heat waves frequency also increases, resulting in the decrease in winter season.

This change in weather happens in any country with slowly and also effects on whole of the climate and many other things. So change in weather in Australia also effects on the rainfall in the country. Rain fall increased in North West part of the country is increased with these changes in weather but on the other hand rain fall in the eastern and south west part is decreased.

Snow fall also occurs in different parts of country like Victoria, New South Wales, Australian Capital Territory and Tasmania. There is a regular snow falls in these parts of country but it rarely happens in Queensland, southwestern Australia.

In Australia you found each and every type of season from snowfall to a hot summer when you want to go to on beaches and also from getting wet in the rain to a painful humidity during the wet season.

The temperature in Australia varies between the sub zero and approximately up to 50 degree Celsius. The whole weather in the country in converted into two major seasons. Two seasons separated as the dry and the wet. The dry season in Australia for about six months. The months in this season are from May up to October. The temperature during these days remains approximately 20 degree Celsius also there is no clouds on the sky and sky is clearer in these days.

Wet weather lasts for six months. The wet weather is in spring and summer and this season is from December to March. The temperature during these days ranges 30 to 50 degree Celsius.

The weather in Australia throughout whole year follows the sequence.

Winter	June to August
Spring	September to November

Summer	December to February
Autumn	March to May

Australia is also undergone a horrible drought during last century and after that the climate is varying a lot. The climate is very much hotter since then. Global warming affects the Australian climate and lives of their people also. The 2005 is the hottest year ever in Australia. Due to all of these effects Australia becomes the driest continent in world. Australian Government is taking serious actions regarding this issue.

◈ Homework: Please introduce the weather in Korea.

Weather in Korea

Name: ________

____

____

____

____

부록 E: 교사가 낸 영어 쓰기 숙제의 문제점 및 개선된 숙제의 예

※ 다음 보기들은 실제 교사가 내었던 초등학교 및 중학교 영어 숙제들의 예이다. 교사들이 낸 숙제를 보면 알 수 있듯이 학습 목표와 숙제가 전혀 맞지 않다. 수업 목표는 의사소통을 기르기 위한 것인 반면, 숙제는 옛날 방식 그대로이다. 해도 그만 안 해도 그만인 숙제, 말하자면 열심히 한 학생과 그렇지 않은 학생과의 구분이 안 되는 숙제는 의미가 없다. 숙제는 학습 내용의 내재화에 필수적인 과정으로서

학생들로 하여금 교실에서 배운 내용을 교실 밖에서 연장해서 스스로 공부할 수 있게 만드는 것이어야 하며, 그 결과물을 교사가 확인할 수 있는 것이어야 한다. 그냥 알아서 복습하라고 하는 것은 제대로 된 숙제가 아니다. 교사들이 낸 숙제를 좀 더 효과적인 숙제로 만들기 위해서 각각 개선된 숙제의 예를 덧붙였다.

〈예시 1〉

(1) 학습 목표:

"We will study how to suggest and answer the directions."

(2) 교사가 낸 숙제:

"Today's homework is to review Lesson 5 and study in your cyber English class."

(3) 개선된 숙제의 예:

※ 학생들에게 자기 집 또는 학교(장소 A)에서 자기가 잘 아는 어떤 장소(장소 B)로 가는 길을 남에게 가르쳐 주는 상황을 설정하고 가는 방법을 영어로 설명하게 하는 숙제이다. 교실에서 배운 내용을 실제 생활에 응용하기 위한 것인데, 이를 학생들이 제대로 하기 위해서는 교사의 세심한 도움이 필요하다. 이런 도움이 제대로 제공되지 않으면 학생들로 하여금 어려움을 느낀 나머지 남의 것을 베끼거나 다른 사람의 힘으로 숙제를 하게 하는 일이 발생한다. 학생들이 혼자 힘으로 할 수 있도록 교사의 세심한 배려가 필요하다.

〈교사의 웹 사이트에 올릴 내용〉

1. 장소 A에서 장소 B로 가는 길을 약도로 간단하게 그리고 가는 방법을 영어로 써보세요. 방향을 나타내는 여러 가지 표현들과 실제 숙제 보기가 아래에 있으니 참고로 하세요.

2. 여러분의 숙제에는 최소 6개 이상의 문장이 포함되어야 합니다.

3. 완성한 숙제는 다음 수업 시간에 구두로 발표를 해야 하니 준비를 해오시기 바랍니다.

※ 방향을 나타내는 표현들

· Go to the left/right. (왼쪽/오른쪽으로 가시오.) · Turn left/right. (왼쪽/오른쪽으로 도시오) · Go straight to xxx. (xxx까지 똑바로 가시오.) · Cross the street. (길을 건너시오.) · in front of xxx (xxx앞에서) · on your right/left (오른쪽에/왼쪽에)	· A is across B. (A는 B 맞은편에 있다.) · Take the subway. (지하철을 타시오) · Get off the train after two stops. (두 구역 간 뒤 내리시오) · Cross the underpass/overpass. (지하도/육교를 건너시오.) · intersection (교차로) · traffic signs (교통신호), etc.

〈교사의 웹 사이트에 올린 숙제의 보기〉

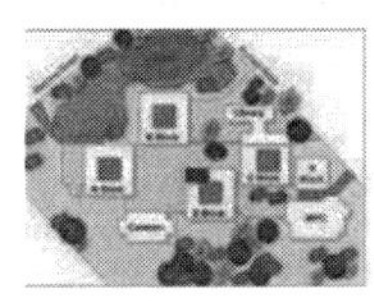

How to get to the park
From my school gate, go straight to the toy shop.
In front of the toy shop, cross the street.
From there, walk about 30 meters to the left
You will see Busan Bank.
In front of the bank, cross the street again.
Then, you will see the park on your right.

〈예시 2〉

(1) 학습 목표:

"We will study how to suggest and answer the foods"

(2) 교사가 낸 숙제:

"Today's homework is to review Lesson 10."

(3) 개선된 숙제의 예:

교실에서 배운 학습 내용이 음식에 관한 것이므로 이와 관련하여 좀 더 공부할 수 있는 숙제를 내었다. 학생들에게 한국 음식을 외국인에게 소개하도록 하는 것이다. 물론 이 때에도 여러 가지 표현상의 도움이 필요하므로 교사는 자신의 웹 사이트에 그것들을 올리는 것이 필요하다.

〈교사의 웹 사이트에 올릴 내용〉

◈ Homework 1.

Assume that you invited a foreigner to a lunch. S/he does not know anything about Korean foods. Recommend one and introduce its taste. Your completed homework will be used as a material for pair work next class.

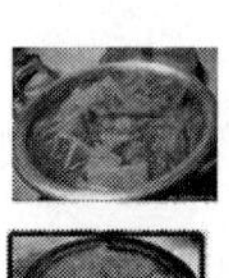

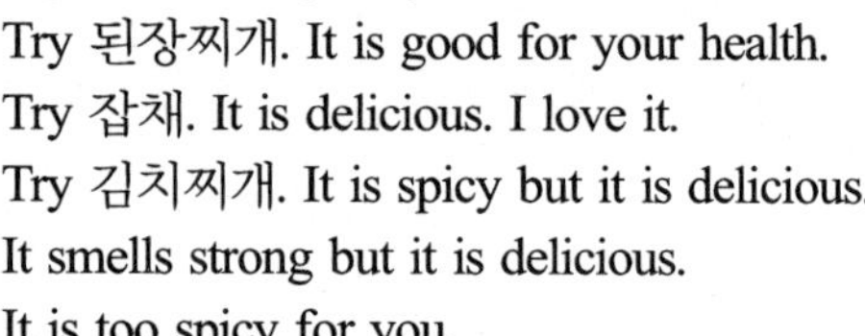

Try 갈비. everybody likes it.
Try 된장찌개. It is good for your health.
Try 잡채. It is delicious. I love it.
Try 김치찌개. It is spicy but it is delicious.
It smells strong but it is delicious.
It is too spicy for you.

〈Words/Expressions for Tastes〉

sour (신)	spicy, hot (매운)	strong/mild (강한/여한)
sweet (단)	hot (뜨거운)	tasty, delicious (맛있는)
salty (짠)	cold (차가운, 식은)	It smells good. (냄새 좋다)
flat (싱거운)	hard (딱딱한)	It tastes good. (맛있다.)
greasy (기름진)	soft, tender(부드러운)	It tastes funny. (맛이 이상하다.)
bitter (쓴)	crispy(바삭바삭한)	

◈ Based on your homework, do a role play with your partner. (Pair work)

〈예시〉

K: What would you like? (뭘 드실래요?)
F: I don't know about Korean foods. (난 한국 음식에 대해서 몰라요.)
K: Then, try 갈비. It tastes really good. Everybody likes it. (그러면 갈비를 드셔보세요. 매우 맛있습니다. 모두가 좋아합니다.)
F: OK. I will try it. (좋아요. 먹어볼게요.)

숙제 2.

여러분이 가장 좋아하는 음식은 무엇입니까? 그것의 맛은 어떻습니까? 다음 시간에 여러분이 좋아하는 음식에 대해서 소개하기 위해서 글을 써 봅시다. 인터넷에서 예쁜 그림을 구해서 넣는다면 더욱 좋겠지요?

〈완성된 숙제 2의 예〉

My favorite food

This is Chilli Shrimp. It is my favorite food.
Do you like it? It smells good.
It tastes sweet, sour and a little spicy.
Look! It looks delicious!
I love it so much!

2) 중학교 영어 숙제

〈예시 1〉

(1) 학습 목표:

"Students can express what to do in the future."
"Students can compare three or more people or things."

(2) 담당 교사가 낸 숙제:

"Write down your future dream when you were young and present them next class."

(3) 개선된 숙제의 예시:

※ 교사의 웹 사이트를 보고 지시대로 숙제를 한 뒤 다음 수업 시간에 그에 대한 발표를 하게 한다.

〈교사의 웹 사이트에 올릴 내용〉

◈ Here are pictures of tools for various jobs.

computer	saw & hammer	wrench	broom & mop	phone	copy machine

1. Write one or two tools for each job.

Job	*Tool*	*Skill*
carpenter	*saw & hammer*	*makes furniture*
computer programmer		
driver		
mechanic		
office worker		
student		
teacher		

2. Fill in the above chart with the words in the box below.

drives a truck, builds houses, delivers packages, writes programs, makes furniture, helps students, types letters, cleans offices, fixes cars, listens carefully

〈Examples of Jobs〉

teacher, doctor, nurse, artist, banker, barber, chef, lawyer, tailor, baker, florist, jeweler, dentist, carpenter, gardner, musician, reporter, teller, manager, politician, architect, pilot, professor, painter, shop worker, taxi driver, word processor, salesperson, photographer, actor/actress, computer programmer, etc.

3. Read the following advertisements.

♣Nurse♣ f/t. gd bnfts, 3 yrs/exp necessary, $35/hr call 445-3456	◐Server◑ p/t.no exp nec., $8/hr. plus tips apply in person at 404 N. Paradise Ave. 9am to 5pm, M-F	▶Mechanic◀ John's Garage, f/t, night shift, $15, bnfts, no exp, will train. Call 544-3355

♠Cashier♠ p/t, Parkway Theaters, no bnfts, n/exp, $8 an hour, Mon. & Wed. off, must be 20yrs. old. Apply in person at 4378 W. Wilbur during office hours..	★Driver★ f/t or p/t, work 7 days, bnfts., $18/ hr, no exp, will train, current driver's license, speak Eng. and Span. Call July at 642-8275

4. Complete the following chart using the information from the advertisements above.

Position	Experience	F/T or P/T	Benefits?	Pay
1.	*3 years*			
2. *server*				
3.		full-time & part-time		
4.			No	
5.				$15/hr

[한영술어 대조표]

결과중심 쓰기	product writing
계층적 관계	hierarchical relationship
과정중심 쓰기	process writing
관습화된 철자	conventional spelling
관행	convention
교체	replacing
구성	plot
구성요소	component
구조	structure
구조화/체계화	organization
국가영어능력시험	NEAT (National English Ability Test)
권유형 텍스트	hortatory text
기능	function
기술적인 텍스트	descriptive text
끼적거림	scribbling
내재하는 전략	underlying strategy
능숙한 필자	good writer/proficient writer
다독	extensive reading
다시 쓰기	re-writing
단락	paragraph
단락-문형 접근법	paragraph-pattern approach
담화	discourse
담화 구조	discourse structure
대용어	pro-form
대체하기	substitution
도식화	graphic display
동료 피드백	peer feedback
독자	reader

독창성	originality
등장인물	character
마인드맵	mind map
명시적 지식	explicit knowledge
모국어 쓰기	first language writing
모둠 토론	group discussion
모둠 활동	group work
목표언어	target language
묵시적 지식/암시적 지식	implicit knowledge
문법 구조	grammatical structure
문법-통사-구조 접근법	grammar-syntax-structure approach
문자언어	written language216
문장 연결	sentence combining
바꿔 쓰기	paraphrasing
반대	opposition
반복	repetition
반복적인 쓰기	recursive writing
반의어	antonymy
발화	utterance
방사형 도형	spidergram
배경	setting
병렬구조	parallelism
병행 쓰기	parallel writing
복수 채점	multiple scoring
복잡성	complexity
부언	addition
부정어	indefinite
분석적 채점	analytic scoring
불확정어	indefinites
브레인스토밍	brainstorming
비소설문/산문	non-fiction
사고 과정	thinking processes

사전 지식	prior knowledge
생략하기	ellipsis
생산적 언어기술	productive language skills
설명문체 텍스트	expository text
소설	fiction
수정	revising
스타일	style
승인	concession
쓰기 결과물	writing product
쓰기 과정	writing process
쓰기 과제	writing task
쓰기 전략	writing strategy
쓰기 전 활동	prewriting activity
쓰기 중 활동	during-writing activity
쓰기 활동	writing activity
쓰기 후 활동	post-writing activity
실제 자료	authentic material
심리언어학	psycholinguistics
약어	abbreviation
어순	word order
어휘적 응집	lexical cohesion
연결어	junction word
연결하기	conjunction
연어	collocation217
열거	enumeration
예시	exemplification
오류 코드	correction code
외국어 쓰기	foreign language writing
유도 작문	guided composition
유의어	synonymy
음성언어	spoken language
응집력	cohesion

의미 군	semantic group
의미론적 특징	semantic features
의사소통적 접근법	communicative approach
이독성	readability
이야기 형식의 텍스트	narrative text
인과 관계	cause and effect
일관성	coherence
일시적 철자	temporary spelling
일치	identity
잉여성	redundancy
자기 교정	self-editing
자유 작문	free writing/free composition
자율성	autonomy
작문	composition
장	chapter
장르	genre
짝 활동	pair work
재배열	rearranging
전략	strategy
전략적 지식	strategic knowledge
전환	transition
정보 차 활동	information gap activity
정확성	accuracy
절	section
절차적인 텍스트	procedural text
접근법	approach
접속부사	conjunctive adverb
접속사	conjunction
정보 차 활동	information gap activity
제거	removing
제2언어 쓰기	second language writing
지시하기	reference

지적 처리과정	mental processes
직관	intuition
직관적 지식	intuitive knowledge
창안적 철자	invented spelling
창의성	originality
첨가	adding
첫 초안	first draft/rough draft/rough copy
청자	listener
초안 작성	drafting
초안 재작성	redrafting
촉진성 평	facilitative comment
총체적 채점	holistic scoring
추측하는 철자	estimated spelling
출판	publishing
편집	editing
표면적 형태	surface form
표시어	signal word
피드백	feedback
필자	writer
텍스트 구조	text structure
통사론적 특징	syntactic features
통제-자유 작문	controlled-free composition
특성	characteristics
특성중심 채점	primary trait scoring
협동 작업	collaborative work
협력자	collaborator
협의	conferencing
화자	speaker
환류효과	washack
활동 세트	activity set
활성화	activation

▶ 저자 약력 ◀

부산대학교 사범대학 영어교육과 졸업 (교육학 학사)
(BA in English Language Education)
부산대학교 교육대학원(영어교육 전공) 교육학 석사)
(MA in English Language Education)
오하이오주립대학교 대학원(영어교육 전공) (교육학 석사)
(MA in TESOL)
오하이오주립대학교 대학원(언어학 전공) (언어학 석사)
(MA in Linguistics)
오하이오주립대학교 대학원(영어교육 전공) (교육학 박사)
(Ph.D. in Language Arts, Literature & Reading)

▶ 교사 연수 경력 ◀

1. 국민학교 특활영어지도자 일반연수. 부산직할시 교육연수원. (1994년 12월 ~ 1995년 1월)
2. 중등영어과 일반연수. 부산직할시 교육연수원. (1994년 12월 ~ 1995년 1월)
3. 국민학교 특활영어지도자 일반연수. 부산광역시 교원연수원. (1995년 12월 ~ 1996년 1월)
4. 중등영어과 자격연수. 부산광역시 교원연수원. (1995년 7월 ~ 1995녀 8월)
5. 중등영어과 일반연수. 부산광역시 교원연수원. (1996년 1월)
6. 초등 특활영어 지도자연수. 부산광역시 교원연수원. (1995년 12월 ~ 1996년 1월)
7. 초등교사 영어 일반연수. 부산광역시 교원연수원. (1996년 8월)
8. 중등영어과 1정 자격연수. 부산광역시 교원연수원. (1996년 12월 ~ 1997년 1월)
9. 초등교사 영어 일반연수. 부산교육대학교. (1997년 7월 ~ 1997년 8월)

10. 중등영어과 1, 2정 자격연수. 부산광역시 교원연수원. (1997년 7월 ~ 1997년 8월)
11. 초등교사 영어 일반연수. 부산교육대학교. (1997년 12월 ~ 1998년 1월)
12. 중등영어과 1정 자격연수. 부산광역시 교원연수원. (1998년 7월 ~ 1998년 8월)
13. 초등교사 영어 일반연수. 부산교육대학교. (1998년 7월 ~ 1998년 8월)
14. 초등교사 영어 일반연수. 동아대학교. (1998년 7월 ~ 1998년 8월)
15. 초등교사 영어 심화연수. 동의대학교. (1998년 12월 ~ 1999년 1월)
16. 초등교사 영어 일반연수. 부산교육대학교. (1998년 12월 ~ 1999년 1월)
17. 영어 심화연수. 부산대학교 중등연수원. (1999년 7월 ~ 1999년 8월)
18. 초등교사 영어 심화연수. 부산교육대학교. (1999년 7월 ~ 1999년 8월)
19. 초등영어 심화연수. 부산대학교 중등연수원. (1999년 12월 ~ 2000년 1월)
20. 초등영어 심화연수. 부산대학교 중등연수원. (2000년 7월 ~ 2000년 8월)
21. 초등영어 심화 연수. 부산대학교 중등연수원. (2000년 12월 ~ 2001년 1월)
22. 1999학년도 초등학교 5학년 영어과교육과정 직무연수. 부산광역시 교원연수원. (1999년 4월 ~ 1999년 5월)
23. 1999학년도 고등학교 영어교사 열린교육(수준별) 일반연수. 부산광역시 교원연수원. (1999년 7월 ~ 1999년 8월)
24. 1999년도 초등영어 담당교사 특별과정 일반연수. 부산광역시 교원연수원. (1999년 7월 ~ 1999년 8월)
25. 1999년도 초등영어 심화연수. 동의대학교. (2000년 1월)
26. 1999년도 하반기 초등교사 영어 기본연수. 부산교육대학교 부설초등교원연수원. (2000년 1월)
27. 1999년도 초등교사 영어 일반연수. 부산교육대학교 부설 초등 교원연수원. (2000년 7월 ~ 2000년 8월)
28. 중등영어과 열린교육 수준별 직무연수. 부산광역시교원연수원. (2000년 4월 ~ 2000년 5월)
29. 중등 영어과 1급 정교사 자격연수. 부산광역시교원연수원. (2000년 7월 ~ 2000년 8월)

30. 중등영어담당교사 특별과정 직무연수. 부산광역시교원연수원. 2001. 1. 2. - 2001. 1. 12.
31. 중등영어과 1급 정교사 자격연수. 부산광역시교원연수원. (2001년 12월 ~ 2002년 1월)
32. 중등교원 1급 정교사 자격연수. 울산광역시 교육연수원 울산어학원. (2003년 7월 ~ 2003년 8월)
33. 중등교원 1급 정교사 자격연수. 울산광역시 교육연수원. 울산어학원 (2004년 7월 ~ 2004년 8월)
34. 영재를 위한 영어과 교수-학습방법 및 예시 분석. 과학영재학교 교원연수. (2005년 5월)
35. 중등교원 1급 정교사 자격연수. 울산광역시 교육연수원 울산어학원. (2005년 7월 ~ 2005년 8월)
36. 중등영어교사 교실수업개선 직무연수. 울산광역시 교육연수원. 울산어학원 (2006년 1월 ~ 2006년 2월)
37. 부산광역시 원어민 보조교사 교육을 위한 2006 원어민영어보조교사 사전 직무 연수. 부산광역시교육청. (2006년 3월)
38. 중등학교 영어과 교실수업개선 직무연수. 부산광역시교육연수원. (2006년 7월)
39. 영재학교 교원을 위한 영어 강의 노하우: 교실 영어. 한국과학영재학교. (2010년 1월)
40. 영어교실에서의 의사소통 능력 개발: 과제 중심 영어교육. 부산관광고등학교. (2012년 6월)

김성애

부산대학교 사범대학 영어교육과 졸업 (교육학 학사)
(BA in English Language Education)
부산대학교 교육대학원(영어교육 전공) (교육학 석사)
(MA in English Language Education)
오하이오주립대학교 대학원(영어교육 전공) (교육학 석사)
(MA in TESOL)
오하이오주립대학교 대학원(언어학 전공) (언어학 석사)
(MA in Linguistics)
오하이오주립대학교 대학원(영어교육 전공) (교육학 박사)
(Ph.D. in Language Arts, Literature & Reading)
현 부산대학교 사범대학 영어교육과 교수

저 서

고등학교 영어회화 Ⅱ(공저) · (부산광역시교육청, 특목고 교과서용)
액션시리즈로 배우는 생활영어 (경문사)
영어문법과 의사소통의 통합 지도 (신아사)
영어 교수기술 연구 (신아사)
과제중심 영어교육 (신아사)

현장 및 예비 영어교사의 교수기술 향상을 위한 안내서
영어 쓰기 지도법 연구

초판 1쇄 발행 _ 2013년 12월 30일

저　　자 • 김 성 애
발 행 인 • 정 현 걸
발　　행 • 신 아 사
인　　쇄 • 예지인쇄
출판등록 • 1956년 1월 5일 (제9-52호)
주　　소 • 서울특별시 은평구 녹번동 28-36번지 2F
전　　화 • (02)382-6411 • 팩스 (02)382-6401
홈페이지 • www.shinasa.co.kr
E-MAIL • shinasa@daum.net

ISBN: 978-89-8396-845-6 (93740)

정가 *12,000*원